原説・『愛の発展段階説』

若き日の愛の哲学

大川隆法
RYUHO OKAWA

まえがき

著者二十五歳頃～二十八歳ぐらいまでの論考が見つかった。商社時代に、わずかな時間に書きためていた短い原稿群である。

宗務本部の秘書陣と、編集局の合同作業で、何とか一冊の本にまとめてくれた。

原稿を読んでいて、涙がこみ上げてくるのを禁じえなかった。苦しかった青春の日々。

書いていたのは詩集だけではなかった。

何とかして、宗教家として立つ日のために、自分の根本思想、その出発点を結晶化させようと努力していた隠された日々を思い出したのだ。

一九八一年に大悟してから、六年間を無為《むい》に過ごしていたわけではなかった。責任ある思想を練るための苦闘の時間は、誰にも知られていない。未熟ではあっても、『太陽の法』以前の貴重《きちょう》な一冊である。

同時期に初期霊言集《れいげんしゅう》の準備も進めていたが、私個人の基本思想とその原説《げんせつ》を示した、宝物《たからもの》のような書物だと思う。

一言一言《いちごんいちごん》を大切に読み解いてほしい。

二〇二一年　九月十九日

幸福《こうふく》の科学《かがく》グループ創始者兼総裁《そうししゃけんそうさい》　大川隆法《おおかわりゅうほう》

原説・『愛の発展段階説』目次

第2章　愛と人生

第3章　愛と人間

第4章　愛と我がミッション

第5章　愛と霊界《れいかい》

第6章　愛と幸福哲学

終章

図表

序章

愛一元《あいいちげん》

一九八二年　十月十一日　ニューヨークにて

私たちの住んでいる世界は愛一元の世界である。憎《にく》しみという感情も、嫉《しっ》妬《と》という感情も、怒りという感情も、愛に対立するものではない。ましてや愛一元のこの世界に反旗をひるがえすだけの力はありはしない。

憎しみは誤解から生ずる。嫉妬は愛の不足である。怒りはおろかな自己愛、己れを守ろうとするところから発する病《や》める自己愛である。

この世界が愛一元の世界であることを悟《さと》り、曇《くも》りの日にも、雨の日にも、いと高き天には太陽がさんさんと輝《かがや》き、惜《お》しみなく光をなげかけていることを知るならば、私たちの心は常に幸せに満たされてくる。

私たちが愛一元の世界に生きていることを信ずるならば、私たちは愛に生き、愛のために死ぬことができよう。

真に愛のために生き、真に愛のために死ぬことが出来たならば、人よ、あなたは人生の勝者でなくて一体何者であろうか。

ああ、愛一元、光一元の世界に私たちは生きている。

愛の発展と自己確立の道

八月十九日

私の語る愛の発展段階説は与える愛の発展段階説である。しかしこの与える愛とは、自分を捨てて他人に奉仕《ほうし》せよという意味での与える愛ではない。自分を捨てて他を生かす愛は、一見聖なる愛のように聞こえるけれども、自己犠牲《ぎせい》は愛ではないのである。愛の根本にあるのは、聖なる自他一体感であり、自他が一体であるとは、捨てるべき自分ではない、愛すべき立派な自分があるということが前提となる。

すなわち与える愛とは、自分という器に愛が満ちて、その愛が外へとあふれ出してゆく姿なのである。

まず愛すべき立派な自分でありたい。そして自己確立、自己発展が同時に、他人に対する愛の発展であるようでありたい。

自己愛→自己信頼《しんらい》→愛の発展段階。

第1章

哲学小論集《てつがくしょうろんしゅう》『愛《あい》の発展段階説《はってんだんかいせつ》』

愛の発展段階説

愛一元の人生観

愛について書かれたものは多いと思う。そして愛とは何かを知りたいと願う人は数知れぬことだろう。なぜなら人間は愛によって条件づけられた存在であり、愛というものについて考えない日は、その生涯《しょうがい》のうちに一日としてないからである。

人間は父と母の愛をその最初の条件として生まれた。そして父と母の愛を培養素《ばいようそ》として成長する。少年期には教師や友人たちの愛に触《ふ》れる。そして青年期に異性との愛を条件に大人となる。やがて成熟期に入るや、妻や子への愛のみならず、隣人《りんじん》への愛を知る。壮年期《そうねんき》には社会や国家への愛が熟してくる。そして晩年に入ると、しみじみとした人生への回顧《かいこ》とともに神への愛、神からの愛に思い至る。

こうしてみると、人間の一生は様々な愛との出会いの一生であり、心の中の日記帳には、いかに人を愛し、いかに人に愛されたか、あるいは、いかに人を愛さず、いかに人に愛されなかったか、といった記録でいっぱいとなる。また人生の事業はすべて他人への愛の結果か、自分への愛の結果かのいずれかであり、その人の人生が幸福であったか否かは、愛との出会いに恵まれたか否かで決まる。

かくしてみると、愛は人間の存在を条件づけるのみでなく、人間の存在の軌跡《きせき》、すなわち、人生の過程をも条件づけ、人生の総決算である、幸福という価値をも条件づけるものである。かかる意味において、愛一元の人生観も肯定《こうてい》されなければならない。

そして愛一元の人生観からみたならば、人生の目標価値を愛に置き、様々な愛との出会いを人間の成長度と同一視することも許されるであろう。

以下に私は、様々に称《しょう》される愛を、種類としてではなく、発展段階として捉《とら》え、愛の発展段階とパラレルな人間の成長段階があるとする仮説を論じてみたいと思う。

愛の発展段階説

まず、愛の第一段階には、「愛する愛」があると思われる。「愛する愛」は平等心より出《いで》たる愛であり、共に生くる者への愛であり、同時代人に対する思いやりである。一般に「人を愛せ」といわれる時の愛が、この「愛する愛」である。

「愛する愛」とは与える愛であり、与え続ける愛であり、無償《むしょう》の愛のことである。すなわち、ここで私が「愛」と呼んでいるものは、利他の愛であり、利己の愛、つまり自己愛は愛以前の段階として捉《とら》えている。なぜなら、愛の愛たるゆえんは、それが人間に属するからであり、自己愛のように、動物や、ある意味で植物にもあるような愛は、無我の愛に脱皮《だっぴ》する以前の愛であるという意味において、未《いま》だ本当の愛とは言えないからである。

愛が自分に対してではなく他人に対するものであると知ること、これが第一段階たる「愛する愛」の段階である。この段階にあるとき、人は少なくとも他人を害してはいない、善良な市民として生きているといえよう。

次に愛の発展の第二段階には「生かす愛」があるのではないだろうか。人を生かしうる人は優れたる人である。自らの才能と努力とによって、人を導きうるまでに自己を高めえてはじめて、人間は他を「生かす愛」を発揮しうる。この意味で、「生かす愛」は「愛する愛」より一段と進んだ境地にあるといえよう。

この「生かす愛」は導く者の愛、指導する立場にある者の愛であり、その力と、影響力《えいきょうりょく》と人間洞察《どうさつ》の深さにおいて、私人《しじん》が生きていく途上で経験する「愛する愛」を凌駕《りょうが》している。「愛する愛」がどちらかといえば「私的な愛」に属するとするならば、この「生かす愛」は半ば「公的な愛」だと称《しょう》しうるであろう。それゆえ、「生かす愛」を実践《じっせん》している人たちは、優れた政治家であったり、名経営者であったり、群を抜《ぬ》く芸術家であったり、オピニオン・リーダー的学者であったりするが、どの人も社会の進化のために貢献《こうけん》しているという点において共通している。

けれどもこのすばらしい「生かす愛」にも限界があるのである。「生かす愛」の段階にある人たちは、総じて優秀《ゆうしゅう》な人たちであるが、優秀な人たち特有の欠点がこの愛を狭隘《きょうあい》なものにしてしまう。すなわち、人を生かさんとする愛が、時に人を批判し、人の欠点を責める傾向となって現れるからである。優れたる人であるからこそ、他人の欠点がよく目について批判してしまうのである。あたかも一段石段を上った人が、下にいる人を見おろすが如《ごと》くに。やはり、人を責めたてる「鬼《おに》の面をかぶった愛」は本当の愛ではないのである。

そこで第三の段階として、「許す愛」が出てくる。人間は人として生まれてこのかた、他人に愛されたという経験はたくさんあるものだ。人に生かされたという経験、人に導かれたという経験もままあるものだ。しかし、人に許されたという経験は、人生のうちで数度か、あるいは一度しかないのではあるまいか。

人を生かすということは才能があれば可能である。けれども、人を許すということは、才能を超《こ》えた徳力《とくりょく》なり雅量《がりょう》なりがなければ、私たち凡人《ぼんじん》にはなしがたいことではないだろうか。ああ、「許す愛」を持ちし人は幸いなるかな。人を許す大きな器を持ちし人は、人の世の宝である。

この「許す愛」は、主として、哲学者や、宗教家、教育事業家などの中で見うけられるものである。我を知り、人を知り、世界の秘密を知った人は、他人に対して寛容《かんよう》にならざるをえない。欠点多き人々も、この「許す愛」の玉座《ぎょくざ》に登った人からみれば、大人が子供の過《あやま》ちを見るように、許しという力で包んでしまうことが出来るのである。

されどこの「許す愛」でさえ完全ではないのである。なぜなら人を許さんとする心には、相手の悪を悪と認めた上で許そうとする気持があるからである。善悪の二元論にとらわれ、善なる相手には「愛する愛」で臨《のぞ》み、悪なる相手には「許す愛」で臨むようでは、いまだ愛のイデアの本質を知らずと言わざるをえない。

「愛す」「生かす」「許す」という行為は、愛の発現形態の種差《しゅさ》であり、愛そのものではないのである。愛は行為ではなくて、内在であり、実在であり、存在である。

そこで愛の発展の最終段階として、私は「存在の愛」を提唱したいと思う。例えば、あなたは、人生を振り返って、「ああ、あんなすばらしい人にあの時に出会えてよかった。あの人に出会って私の人生は変わった。」と言えるような人に出会ったことはないだろうか。あるいは、あなたご自身が、「あなたのようなすばらしい人に出会えてよかった。」と感謝されたことはないだろうか。

「存在の愛」とは、思うでなく、語るでなく、行うでなく、しかして、その人がこの世に存在するという事実そのものが、私たちへの愛となるという意味での愛である。その人が私たちの人生を横切ったその時に、私たちの心に愛の灯《ひ》がともされる、そういう人こそが「存在の愛」の体現者である。言葉を換《か》えて言うならば、「存在の愛」とは偉大《いだい》なる人格に宿る愛であり、高潔《こうけつ》なる人格よりほとばしり出て、人々を揺《ゆ》り動かさずにはおかない感化力である。

ある人の存在が、人をして感動せしめ、世をして感化せしめる。小さな例としては、誰《だ》れをもがすばらしい人として「存在の愛」の体現者たりえる。しかして、「存在の愛」の極点《きょくてん》は、やはり聖者や偉人たちなのだ。その人がその時代に生きていたということ自体が私たちへの愛となる。その人の存在自体が愛であるような存在。存在が愛であり、愛そのものが存在しているかのような人たち。人をして聖なるものの臨在を感じせしめる力を帯びた人たち。やはり愛は最後には、ここまで来るのである。

かくして愛は、「愛する愛」から「生かす愛」「許す愛」という行為の愛を通過して、最後には「存在の愛」に到達《とうたつ》する。これが私の「愛の発展段階説」である。

愛の契機《けいき》と存在

愛と認識

愛というものは、目には見えないし、触《ふ》れることもできない。しかし、愛というものが存在しないと否定できる人はいないであろう。それはちょうど、風というものの存在を人は信じながら、それを捉《とら》えて、これが風ですと取り出して見せるわけにいかないのに似ている。風が通り過ぎてゆく時、その存在を人は感じとるのであるが、愛というものも、人の心を通り過ぎてゆく時はじめてその存在に気がつくのであり、静止した状態でこれが愛ですという具合に取り出して見せることはできない。

言葉そのものが愛なのではない。行為《こうい》そのものが愛なのではない。愛は言葉や行為によって「そこにある」と立証されるものではない。愛は動きの中にあって感じとられるものである。やさしいまなざしが愛なのではない。それは愛を感じとるための契機《けいき》である。親切な行いが愛なのではない。それは愛の契機である。思いやりのある言葉が愛なのではない。それも愛の契機である。しかして、愛の想い、愛の想念は、愛そのものであるか。それは極めて愛そのものに近似《きんじ》しているものである。けれども愛は想念でもない。なんとならば、独房《どくぼう》に座して愛を想っても、愛はそこに臨在しないからである。

愛は人と人との間にある。愛は人と人とが動いている中にある。愛は人と人とが生きてゆく途上《とじょう》にある。そして愛そのものは、言葉や行為や想念を契機として感じとられるものであり、一つの臨在感である。それがたいていの場合、一つの臨在感にとどまるのは、愛が存在そのものであると認識できるまでには、人は幾多《いくた》の愛の試練を経なければならないからである。現実問題として、愛が存在そのものであると感じとっている人は、おそらく万人に一人もいないのではあるまいか。

しかり、愛が一つの存在であるということは、すぐれて観照的な生活を体験していなければ思い至ることはできないのである。

けれども人は、愛の契機を通して、愛の臨在を感じることができるのである。そして愛の臨在感を通して、やがて愛が存在そのものであることに思い至るのである。

愛の認識段階

かくして、人が愛に至る道、至愛《しあい》への道にはいくつかの段階があるのである。

まず第一は、愛の原初的段階である。この段階には、あこがれや情熱や、興味、好奇心《こうきしん》、異性への関心がある。この段階では、人はまだ未熟な想いを他人に対して放射しているのであり、自らはそれを愛であると誤認している場合が多い。しかし、愛は人と人との間にあるのであって、一方的な想いの中にはないのである。その意味で愛の原初的段階と私はいうのである。

第二には、愛の契機を愛そのものだと思っている段階がある。人に対するやさしい言葉。人から受けたやさしい言葉。親切な行為。奉仕《ほうし》。笑顔。感謝の手紙。恋人《こいびと》への心づかい。これらは確かに愛そのものを彷彿《ほうふつ》とさせるものであり、ある場合には、愛そのものとも言えるかもしれない。しかし契機はあくまでも契機であって、愛そのものではないのである。

例えば、恵《めぐ》まれない人のために寄付するということ、恵まれない人のために募金《ぼきん》集めをするということ、これらは、愛に端《たん》を発した善行であろう。しかし、やはり、善行そのものは、愛に至るための契機ではあっても、愛そのものではないのである。

第三には、愛の契機を通して、愛の臨在感を得る段階がある。恋人同士に例をとるなら、互《たが》いに「好きだ」という言葉を常に確認しておかなければ不安な状態を第二段階だとすると、この第三段階は、一緒《いっしょ》にいるだけで楽しい、一緒にいるだけで幸福が拡がってゆく状態、あるいは、互いに離《はな》れていても、目に見えぬ太いパイプで結ばれているような状態、恋人の考えていることが、テレパシーのように即座《そくざ》にわかる状態をいう。この時確かに、目に見えぬ何かの臨在を人は感ずるのである。

また先ほどと同じ例を引くなら、恵まれない人への寄付の場合、寄付することは善いことだから寄付するというのが第二段階であって、第三段階に至ると、たまたま寄付できる立場に巡《めぐ》り合わせた自分の幸運さを切に感じ、寄付される立場の人に対する自然な自他一体感がこみ上げてきて、寄付という行為に及《およ》ぶのである。この時、確かに寄付という行為を契機として、愛の臨在感に接することができる。

第四の段階は、愛を一つの存在として認識できる段階である。この時、人は、愛が見えるのである。人の心の中に宿る愛、人と人との間に働いている愛のエネルギーの磁場がはっきりと見えるのである。そして例えば、人から受けたやさしい言葉を介《かい》して、愛の臨在を感ずるのではなくて、存在としての愛が働きかけて、やさしい言葉が自分に与《あた》えられたのだと感ずるのである。愛を存在として認めることは、容易ではないであろう。しかし、存在しないものであるならば、なぜ、人は愛を信じ、愛を得るために奔走し、愛を得られぬがために疲弊《ひへい》するのであろうか。

思うに、至愛への道を高く登れば登るほど、人は愛が存在であることを確信できるようになるのである。そして愛の存在感が高まれば高まるほど、人は幸福というものの本質に近づいているのではあるまいか。

第2章

愛と人生

愛なき者は神を知らず

一九八二年　十二月二十六日　ニューヨークにて

「愛なき者は神を知らず」とは、ひと昔前の財界人、石田礼助《いしだれいすけ》の言葉であり、聖書の言葉でもある。

この言葉は、神を信じない人への警句《けいく》ではない。むしろ神を信じて生きていると思っている人への警告である。人への愛を枯《か》らした時、私たちはもはや神を信じてはいないのだ。

自《みずか》らをいましめよう。自らの心が人に対する愛に満ちているか否《いな》かをたえず確かめよう。そこに愛がなければ、私たちはもはや、神を知らない人間なのだ。

「愛なき者は神を知らず。」

己《おの》れに厳しくということ

一九八二年　十二月二十六日　ニューヨークにて

いまから二千年近く前、マルクス・アウレリウスという偉大《いだい》な皇帝《こうてい》がローマにいた。この人の「自省録《じせいろく》」という書に云《いわ》く、「人間のつとめを果たすために、私は起きるのだ」と。

この自分に厳しい皇帝は、こうつぶやいて毎朝起きていたのだ。冬の日の朝、暖かく毛布にくるまって寝ていたいという甘い誘惑《ゆうわく》に私は日々破れ、愚《おろ》かしくも過ぎ去った時間を悔《く》やみながら、また今日も生きながらえている。

私がこの世に生まれてきたのは、何かを為《な》すためなのではないのか。私が生きているのは何かを為すためなのではないのか。それなのに朝の甘いまどろみの中に受け身のままでいたところで、私は人間のつとめを果たすことができるのだろうか。

自らに厳しく、人に寛容《かんよう》に生きたアウレリウス。自らは少なく欲《ほっ》して他人には多くを与えんとしたアウレリウス。才なきを憂《うれ》えるでなく、自らの徳なきを憂えたアウレリウス。自分の才能の少なさを嘆《なげ》くよりも、なぜ自分が清《せい》廉《れん》、寡《か》欲《よく》、つつましさ、享楽欲《きょうらくよく》の少ないこと、真面目《まじめ》、自由、単純、親切などの徳を発揮しないのかと問うたアウレリウス。皇帝という地位にありながら、人に教えるよりも、人に教わることを尊んだアウレリウス。

この哲人《てつじん》政治家は、出会った色々の人から教わったことを、一つ一つ書きとめて、「自省録」をつづったのだ。この謙虚《けんきょ》さ、自らへの厳しさを、人よ、私たちも学ばねばなるまい。

心は鏡

一九八三年　十一月十九日

人間として生まれて、罪を犯さずして生き抜くことは難しい。しかし、一度罪を犯し、戒《いまし》めを破ったら人間は永遠に許される機会はないのであろうか。思うに、人間の心は、本来曇《くも》りなく汚《けが》れなき一枚の澄《す》み切った鏡の如《ごと》きものではなかろうか。鏡はいつも光り輝《かがや》いているわけではない。時には汚れ、時には曇り、人の姿を映すことが出来なくなる。しかし鏡の鏡たるゆえんは、いかに汚れ、いかに曇ろうとも、その汚れ、曇りを取り除いたならば、またもとの澄み切った光をたたえた美しい面を見せることではなかろうか。

人の一生もまた一枚の鏡のようなものではなかろうか。罪を犯し続けて生きている人間、汝《なんじ》あわれなる者よ、その罪は取り返しのつかないものではない。汝の心が一枚の美しい鏡であることを思い起こせ。汝の罪や汚れをぬぐい去れ。神の御心《みこころ》はいつも一枚の美しい鏡のように人の心の中で光り輝いているのだから。

恋愛《れんあい》の弁証法《べんしょうほう》

一九八四年　七月二十一日

人生は無味乾燥《むみかんそう》であると、ある種の人々はつぶやくにちがいない。一日二十四時間、一年三百六十五日がぐるぐるとめぐり来たりてそして人間は死へと赴《おもむ》いてゆく。確かに、人は波瀾万丈《はらんばんじょう》の生涯《しょうがい》を送ることは極めてまれなことで、小説などとは違《ちが》い、波瀾万丈の人生を送ったとされる人でさえも、その人にとっては結構平々凡々《へいへいぼんぼん》とした日々の積み重ねであったろうと思われる。

しかし、季節に春があるように、神は人間の人生に青春期を与えた。青春期は、そのまっ只中《ただなか》にある人にとっては、雷鳴《らいめい》の響《ひび》く雨の日やうっとうしい梅雨空のように見えるのだが、その実、第三者の目から見れば、スカッとさえ渡《わた》った夏の日のように見えるものである。

言葉を慎《つつし》むということ

一九八四年　八月一日

言葉を慎《つつし》むということは、よほど修養を積まないと実現できないことであろう。私自身いまだ、自分が十分に言葉を慎んでいるとは思いがたい。

自分の意志に反して、悪い言葉が口をついて出てしまうと愚痴《ぐち》っている人がいる。また、自分は口は悪いが心はきれいなのだと思っている人がいる。

しかし、そうではないのだ。口という別種の生き物がいてそれが勝手に動いているわけではないのだ。口が悪いのは心が悪いからだ。悪い言葉が出るのは、悪い心があるからなのだ。まず、自らの心の歪《ゆが》みを正せよ。いかなる状《じょう》況《きょう》にあるとき、自分が他人に対して悪い言葉を発するかを直視せよ。

私はかつて、自分の口の悪いのは母親の遺伝だと思っていた。そして自らの力ではどうにもコントロールしがたいものだと考えていた。けれども悪い言葉を言うまいと決意したその日一日は、比較《ひかく》的悪い言葉を使わないでいる自分にも気づいた。もし口の悪いのが遺伝であるのならば、努力によってそれを修正するのは、困難の極《きわ》みであろう。しかり、口の悪いのは遺伝というよりもむしろ習慣の問題であり、この習慣の力をへし曲げるだけの努力があれば、言葉を慎むことぐらい可能なのだ。

私は、悪い言葉が出るのは、心が悪いからだと述べた。そしてその心の悪い面とは結局、その人の心に傷ついた面があるということなのだ。自分の心に傷のある人が、予期せず人の心を傷つけてしまうのだ。そして自分の心の傷とはその実、その人のもつ、劣等感《れっとうかん》であることが多いのだ。心に劣等感をもつ人は、悪い言葉をはくことによって人を汚《けが》しつつ、自分をも誤魔化《ごまか》しているのだ。人を傷つけることによって、一時しのぎの優越感《ゆうえつかん》にひたるが如《ごと》き悪しき習慣は唾棄《だき》してしまいたいものだ。

学問の道

一九八四年　八月一日

この世に学問というものがあるということは何とすばらしいことだろう。経験というものが人生に幅《はば》をもたせるものとするならば、学問は人生に深さを与えるものだ。

例えば、一筋の川というものを思い浮《う》かべるならば、様々な人生経験を経るということは、山や丘《おか》や平野をこえて下流に至ると、川が幅広く流れるようなものだ。一方、川の深さは、その水の色を見ればわかる。人は直接川の深さを雄弁《ゆうべん》にはかろうとはしない。けれども水の色は確かにその川の深さをものがたっている。ある時は群青色《ぐんじょういろ》に、ある時は、深緑色に川は見えるだろうが、その青色の濃《こ》さは、学問の道を深くうがつことによって得られた教養の色である。

そして教養の深さとは、結局その人が、いかに自らを磨《みが》き上げたかに帰着するのだ。

愛に至る道

一九八四年　八月一日

「愛に至る」とは何とすばらしい響《ひび》きをもった言葉であろうか。「愛を奪《うば》う」のでもなく、「愛を手に入れる」のでもなく、「愛に至る」ということ、その言葉の中には、愛を人生の目標として、うまずたゆまず歩んでゆく人の美しい姿がある。奪うような愛は所詮《しょせん》、いつかは奪われる愛であり、手に入れられるような愛は、いつかは捨てられる愛である。

愛に至るということ、至愛《しあい》への道を歩んでゆくということ、これが最高の人生への道でなくて何であろうか。

ひとよ、愛に至る道は厳しくて困難な道でもあるのだ。この道は、いくら登っても登っても頂上がみえず、己れ一人のことを考えたらすぐさま転落する峻厳《しゅんげん》な道なのだ。

自力《じりき》と他力《たりき》

一九八四年　八月十八日

宗教には、大きくわけると自力による教えと他力による教えとの、二つの教えがある。どちらが真実の教えかということに関しては種々争いがあろう。しかし私は思う。自力と他力は宗教においては、たとえていえば車の両輪であって、どちらかが欠けていても、車は前には進まないのだと。

祈《いの》りということ、願いということ、他力に頼《たの》むということは、比喩《ひゆ》を使うとするならば、天から梯子《はしご》が降りてくることを期待することである。祈りは必ず聞き届けられるのだ。天から梯子は必ず降ろされてくるのだ。

けれども、その梯子を一歩一歩よじ登るのは、やはり自力によるしかないのだ。神は人間をロープで縛《しば》りあげてまで天に引き上げようとはされない。梯子を登るか否か、又《また》、いかにして登るかは各人の自由に委《まか》されているのだ。

人間よ祈れ。祈りによって天からの梯子を見い出せ。その時にはじめて、苦痛から脱《だっ》する時の自力というものを存分に味わうのだ。

最高の人生

一九八四年　七月二十二日

最高の人生を生きてみたいと誰《だ》れもが願うだろう。しかし、最高の人生がこれだと言い切れる人は極めて少ないだろう。ただ、比較的《ひかくてき》誤りの少ない捉《とら》え方は、過去に通り過ぎた巨人《きょじん》たちの足跡《そくせき》をたどりながら、共通なるものを、本源なるものを探り出すことではあるまいか。

カール・ヒルティのように、幸福を「神の側近《そば》くにあること」と定義する人ならば、おそらく最高の人生とは、自らが神の側近くにあることを実感しながら生きること、とでもなろうか。

聖ベルナルドのように、神への愛を四つに段階分けし、一、自分自身のために自己を愛する。二、神において他人を愛する。三、神ご自身のために神を愛する。四、神のためのみに自分自身を愛する。と発展的に愛を捉える人なら、自らの人生を、神の愛の道具として使い切った時、最高の人生を生きたことになるのだろう。

また、ヘレン・ケラー女史の考えからするならば、「百合《ゆり》の花のように、私たちが忌《い》まわしい環境《かんきょう》にもめげず、そこから純潔に、また強く立ち上ることができないかぎり、恐《おそ》らく、私たちはいかような立場にいても道徳的には虚弱児《きょじゃくじ》であろう。私たちが現在いる所で世を助けることができないかぎり、他の何処《どこ》にいてもそれを助けることはできない。最も重要な問題は私たちがおかれている環境の種類ではなく、私たちが毎日考える思考の種類であり、私たちを導いている理想の種類である。」（ヘレン・ケラー著、『わたしの宗教』静思社　一〇七頁《ページ》〜一〇八頁）「私たちの彼方《かなた》に在るものを求めて力闘《りきとう》することによってのみ、私たちは発展と楽しさとをかち取るのである。」（同書一二四頁）といった言葉の通り、努力によって、苦しい環境に打ち克《か》って世の光となることが最高の人生と称《しょう》しうるだろう。

では私にとって最高の人生とは一体何であろうか。唯物論《ゆいぶつろん》的に偶然《ぐうぜん》に生まれた人間が、試行錯誤《しこうさくご》しながら生きてゆく姿を、私はいかような立場からも最高の人生とは言いがたい。なぜなら、人間の本質に対する洞察《どうさつ》なき人生は無に等しいからである。人間は偶然に生きているのではない。人間は生かされている。目に見えない大きな力に生かされている。そして全《すべ》てのものが、その目に見えぬ大きな力によって造り出された世界の中で生きている。

私にとっては、人間は、大きな力によってこの世界に生かされているのだとする世界観を持つことが、最高の人生のための第一歩だ。己れ一人が、偶然に、試行錯誤的に生きていると考えるからこそ、人生は苦悩《くのう》にみちた、暗い悲しいものとなってしまうのだ。己れ一人がよかれと思うからこそ、人生が不毛となるのだ。言葉を換《か》えて言うならば、神によって万象万物《ばんしょうばんぶつ》が生かされているという世界観が最高の人生への第一歩である。

しからば、最高の人生への第二歩は一体何であるか。私は、それを、愛に気づき、愛を知り、愛を生きることだと思う。愛なき人生行路は砂漠《さばく》の道である。これに対し、愛は、オアシスであり、緑陰《りょくいん》であり、ひとときの涼風《りょうふう》である。この愛の存在に気づき、この愛の存在を知り、この愛を自らの努力によって生み出してゆくこと、自らが他人にとってのオアシスとなり、緑陰となり、ひとときの涼風となること。この思想を持たずして、世の偉人《いじん》として生きた人が一体、一人としていただろうか。自らがひとのためのオアシスとなることを考えずして、自らのかわきを潤《うるお》すためだけにオアシスを探し求めて生きる人の人生が、果して最高の人生といえようか。かくして「愛」との出会いが、最高の人生への第二歩だと私は思う。

では最高の人生への第三歩とは何であるか。それは努力であると私は思う。努力即《そく》幸福、幸福即努力という信条を持って生きた人の人生は、雨あがりの一筋の道のように光って見える。この考えに対して、無為自然《むいしぜん》の道を説く人もあろうが、無為自然の生き方は、人間を執《と》われから解放し、悟《さと》りに至らせる一転機とはなりえても、私たちがこの世に生まれてきた使命というものを忘却《ぼうきゃく》しているのではないか。

人生の道は努力の道である。努力の坂道を登っている人の後ろ姿を見て、人々は感化されてゆくのである。他人に対しての良き感化、遅《おく》れてくる青年に対する良き感化を残せずに去る人生は、余りにも淋《さび》しいものである。水が高きから低きに流れるように、最高の人生を生きた人は、目に見えぬ何かを他の人々に残してゆくはずである。

最高の人生への第四歩は、霊性《れいせい》に目覚めることである。自らの霊性に気づき、その霊性の目をもって、世界を眺《なが》めることのできる人は、既《すで》に非凡《ひぼん》の人生を生きている。人が霊性に目覚めるためには、必ず通らねばならない関門がある。その関門とは善悪の二元論である。キリスト教的には回心《かいしん》ということ、仏教的には反省ということを通さずして自らの霊性に悟入《ごにゅう》することはできないのである。この善悪の関門を通過する時、人は、善悪の感覚が異常に鋭敏《えいびん》となる。そして自らの過去の悪を悔《く》いることが懺悔《ざんげ》となり回心となる。また八正道《はっしょうどう》に照らした反省となる。こうして心の曇《くも》りを晴らした時、太陽の光がさんさんとふりそそぐように、世界の全てが輝《かがや》いて見えるのである。

この時、人は一つの定理を知るだろう。それは、愛が善悪の上位概念《がいねん》だということである。愛が一つの波動であるとするならば、善は波動の山の部分であり、悪は波動の谷の部分である。この山と谷とが様々に織りなされて一つの愛という波動が生じてくるのだ。悪なくしての善なく、善なくしての悪もない。そして善悪の彼岸《ひがん》を越《こ》えて、人は愛に至るのである。愛は霊性の基《き》盤《ばん》である。

世界の奥《おく》にあるものを垣間《かいま》みるためには、人は愛という名の鍵《かぎ》を差し込《こ》んで、扉《とびら》を押《お》し広げなければならないのだ。霊性の光を通して見た世界は、歓《かん》喜《き》にみち、幸福にみち、美しさにみちた世界である。そこには、この世の善も悪もなく、人々が無邪気《むじゃき》に戯《たわむ》れている姿がある。悩《なや》みもなく、苦しみもなく、春の陽気が、ほら、ただよっている。互《たが》いに神を信じているということが、人が他人を信ずることの根拠《こんきょ》となっている。

その世界では人の偉《えら》さを量る基準は二つしかない。その一つは、いかに深く人間の本質を理解し、ひいては神の本質を理解したかということ。いま一つは、いかに広く人を愛したかということ。すなわち人を愛する器としての大きさである。こうした人が尊敬され、こうした人を目指して生きている人たちの世界。

私たちは、自らの霊性に目覚め、こうした世界が、現在只今《ただいま》の世界の中に見えてこなければ未だ完全に人生を生きているとはいえないのだ。

かくして、最高の人生への第四歩にして最終の一歩は、霊性への目覚めといえよう。

第3章

愛と人間

愛と情欲

一九八四年　五月三日

人は誰も幼少時、大きな夢を抱《いだ》くものである。そしてその夢の最たるものは、世の人々のために尽くしたい、よりよき社会の建設のために身を投じたい、という想いであろう。

私も十一歳の時『シュヴァイツァー伝』を読み、博士の高き理想と清い生《しょう》涯《がい》に深い感動を禁じ得なかった。なかでも「三十歳までは自分自身のために生きよう、三十歳を過ぎたら残りの人生を人のために捧《ささ》げよう。」と決意し、三十歳までは音楽に医学にと、学問に打ち込《こ》んだシュヴァイツァーの生き方は、その後十数年の私の歩みに少なからず影響《えいきょう》を与えた。

しかし、十代、二十代は、花の時代でもある。花は咲《さ》いている時に楽しまなければ、はかなくも枯《か》れてゆくものである。人々のために尽くすための土台造りをなしとげるには、青春の日々は、あまりにも甘美《かんび》で、あまりにも誘惑《ゆうわく》に満ちている。そして誰もが通過しなければならない試練が愛と情欲の問題であろう。

青年の日の異性は輝《かがや》いて見え、自らの想いが愛なのか情欲なのか定かではない。それは過ぎ去った時にはじめて、おぼろげながらわかりはじめる。青年はその想いを恋《こい》と呼ぶが、恋は愛と情欲との境にあって揺《ゆ》れ動く振子《ふりこ》のようなものである。人間の後半生は、この恋という名の振子が愛で止まるか、情欲で止まるかによって決まるようにも思える。

思うに、愛と情欲の選択《せんたく》には、青年はやはり愛を選びとってゆくべきであろう。情欲はいかに甘美《かんび》には見えても、その底にあるものは、ひとりよがりな自我《じが》我欲《がよく》であり、相手に対する真のいたわりも、やさしさも、尊敬も、向上心もありはしない。愛の本質は、人間の内に秘める実相《じっそう》に対する尊敬である。自己の内にあり、しかして他の人々の内にもある神性と神性との響き合いが愛である。そして愛は、われとひと、ひととわれとの相互《そうご》の向上をめざすものである。情欲に果して向上心があるか。そこにあるのは、一時の快楽と永遠のむなしさではないか。

生まれ、生まれ、生まれ、生の始めに暗く、死に、死に、死んで、死の終わりに冥《くら》し（空海《くうかい》）。私たちの人生、生まれる時も一人なら、死んでゆくのも一人である私たちの人生、その青春のひとときに花を咲かせるのであるならば、情欲という造花ではなく、愛という名の生きた花を咲かせたいものである。

〔メモ〕
・認識の段階について
・至真、至愛、至聖
・懐しき人格について
・幸福の瞬間

愛と純潔《じゅんけつ》

一九八四年　八月二十六日／九月二日

愛について語る際、性の問題を見逃すならば、人間の愛についての悩み事の半分は永遠に放置されたままとなろう。殊《こと》に青年期の男女の愛のあり方は、宗教不在ともいえる現代では、誰《だ》れ一人として権威《けんい》をもって語ることが不可能に近い状況ではなかろうか。私は以下に、結婚《けっこん》前の男女の愛と純潔をめぐって語ってみたいと思う。

果して結婚前の男女に肉体の純潔は必要であろうか。有史以来の人類の歴史を眺《なが》めてみると、肉体の純潔は必要であるとする見解が大半を占《し》めて来たといえる。「男女七歳にして…」という孔子《こうし》の流れをひく道徳にしてもそうであるし、キリスト教系の思想の流れもそうであったし、仏教系も大差なしといえる。

こうした考えに対して、例えばキリスト教国では、トマス・ハーディが小説『テス』の中で、純真無垢《じゅんしんむく》の少女テスがふとしたことから純潔を奪《うば》われ、そのことを恋人《こいびと》に告白したために転落してゆく姿を描《えが》き、もし神が存在するなら、こんなにも無慈悲《むじひ》な神がありえるだろうかと訴《うった》えた。純潔ということを起点とした無神論である。またフランスではジイドが『狭《せま》き門《もん》』の中でアリサとジェロームという二人のキリスト教的な、あまりにもキリスト教的な精神的恋愛が生み出してゆく悲劇を克明《こくめい》に描いている。また日本では中河与《なかがわよ》一《いち》の『天の夕顔』という小説の中に、あまりにも純粋な恋愛のために一生を捧《ささ》げた男の哀《かな》しい物語が書かれている。

思うに、極端《きょくたん》なピューリタニズムは、性を罪悪と見做《みな》す傾向にあり、豊かな愛の実りをもたらすものではなかろう。現代においても敬虔《けいけん》なカトリック教徒の御婦人《ごふじん》が余りにもピュアーであるために婚期を逸《いっ》してしまう不幸の例をまま聞くことがある。

今という時代において、男女の純潔論を考える際に考慮《こうりょ》しなければならないことは、第一に、避妊法《ひにんほう》が発達した現今《げんこん》では純潔を失うことが即妊娠《そくにんしん》にはつながらないことであり、第二に、男女とも高学歴化し、又、経済上の問題もあって、結婚年齢《ねんれい》が上がっており、生物学的な男女の成熟時期と結婚の時期が十年近くもへだたりがあることである。第一点について述べるならば、これは、性がスポーツ化・娯楽化《ごらくか》していく可能性を示しており、第二点に関して言えば、強い禁欲の動機がなければ十年間も禁欲生活を送ることは平均人には難しいということを意味している。

こうしてみると、独身時代の男女に純潔を要求するには、何らかの精神的なる価値の創造がそこになければならないと思える。

私は、その精神的価値の一つは「あこがれ」であると思う。充《み》たされぬ自分であるからこそ、未知なるものへのあこがれは高まってくる。そしてあこがれは、美しきものを限りなく追い求めてゆく原動力となる。

あこがれについて言及《げんきゅう》するならば、私は限りなき愛惜《あいせき》をもって、自らの大学時代を回顧《かいこ》する。十九歳から二十四歳までの一番多感で、一番女性を渇望《かつぼう》していたその時期。時にめらめらと燃え上がるような情欲を禁じ得ない日があり、時には、垂《た》れこめた暗雲のような鬱屈《うっくつ》した日々があった。美しい女性が目の前を通り過ぎてゆくと、思わず後をつけてみたくなるような、そんな恥ずかしい思いが胸をよぎったこともあった。そうした大学時代の五年間、私はヨーロッパ政治史や政治哲学を学び、六法の勉強に精根《せいこん》を傾けた。夜遅く本郷《ほんごう》の図書館を出て暗い銀杏《いちょう》並木道を歩いている時、ふっと見上げると、赤門《あかもん》の上に鮮《あざや》かな三ヶ月《みかづき》がかかっていたことを懐《なつか》しく思い出す。

また、雪の日に、下宿のあった梅ヶ丘《うめがおか》を散策して、真紅の寒梅《かんばい》が、ひっそりと咲《さ》いているのを見つけて、あこがれの女性に詩と梅の花を一輪、封筒に入れて送ったのを思い出す。私はその女性には、恥ずかしくて声をかけることすらできなかったのだが。

思えば、あまりにもシンプルで、あまりにも純粋な学生時代であった。けれどもその五年間、女性への秘《ひそ》やかなあこがれだけが、私の心のかたすみに棲《す》み続け、まだ見ぬ恋人や未来の妻のことなどをはるか遠くに憧憬《しょうけい》するだけでひたすら勉学に励《はげ》んでいた。酒も麻雀《マージャン》も、異性とのつきあいも経験せず、はるか遠くにある自らの理想とあこがれだけが、私の心の全てをしめていた。

こうした自分の学生時代をふり返ってみると、十代に既《すで》に異性との交渉《こうしょう》を持ち、肉欲の眼でもってしか異性の美醜《びしゅう》を見られない若者たちが気の毒に思える。異性に対するあこがれの気持というものは、年齢《ねんれい》を重ねるとともにやがては薄《うす》れてゆくものだ。けれども、いかに長くあこがれの気持を抱《いだ》きつづけたかということが、その人の後半生に大きく影響《えいきょう》すると私には思われる。

単純化していうならば、人間には精神の人と肉の人とがあり、物質万能的な要素が稀薄《きはく》になる程、精神の人へと脱皮《だっぴ》してゆくものだ。あこがれの気持をもって異性を眺めるということは一等完全な形で美を発見するということでもあるのだ。

次に独身時代の男女に純潔を要求する第二の精神的価値は、「清らかさ」ということであろう。イエスは、山上《さんじょう》の垂訓《すいくん》の中で「心の清い人たちは、さいわいである、彼らは神を見るであろう。」と述べている。この聖者が私たちに示している神を見る方法は、「清らかであること」なのである。これは、過去の求道者《ぐどうしゃ》たちの例、宗教家たちや哲学者たちの生涯《しょうがい》を見ていると明らかであろう。

清らかであるということは心のレンズが澄《す》んでいるということである。心のレンズが澄んでいると、神や宇宙の法則や、愛の働きが見えてくるのである。こうした至高の価値を探し求める人にとっては、ある時期、かたくななまでに純潔を守るということも大切なことであろうと思われる。

さて、純潔の大切さということについて語ってきたが、現今では、結婚前に純潔を失っている男女が大半であろうと思われる。もし、ある種のキリストびとが説く人間罪の子の思想を適用するとするならば、地上には罪人の大群が生活していることとなり、地獄《じごく》も人口過密で大変であろうと思われる。思うに過度に純潔を要求することは、自らを狭量《きょうりょう》にし、他人に厳しくなり、身の廻《まわ》りに罪の子ばかりをつくってしまうことになる。

しかし人間は、決して罪の子ではないのだ。人間は罪の子ではなく、「愛の子」なのである。私たち一人一人は、罪の子として十字架《じゅうじか》を背負って生まれてきたのではなくて、「愛の子」として、愛をこの世に実現するために生まれてきたのである。神が愛であるならば、私たちの存在もまた愛であるはずであり、私たちは「存在の愛」として人生航路をわたってゆくべく予定されているのである。

「愛の子」である私たちは、たとえていうならば、ダイヤモンドの原石のようなものである。少し磨《みが》けば、「愛する愛」の体現者となり、よく磨けば「生かす愛」の体現者となり、更に磨けば、「許す愛」の段階にまで至る。そして、最高度に磨きをかけたダイヤモンドのようになったなら、「存在の愛」として、愛がそこに存在しているかの如《ごと》き人格となり、その人の存在自体が、私たちに対する愛であるかのような人格となるのである。

この「人間、愛の子」の思想に基づいて、純潔を失うということの意味を考えてみる。すると結局、純潔を失ったというような片々《へんぺん》たる事実で、人間そのものの価値が失われることにはならないということになろう。ゴミやホコリを被《かぶ》ろうが、土がつこうが、ダイヤモンドはダイヤモンドであって、その価値は何らそこなわれはしない。けれども重要なことは、自らがダイヤモンドとしての価値を自覚していなければ、ダイヤモンドも単なる土の塊《かたまり》として自らも捨て、他人にも捨てられることになるということである。

要は純潔を失うことによって、一つの経験を得て人間的にも他人を許せる大きな器へと成長してゆけるか、あるいは、純潔を失うことによって、後ろ向きの人生を歩み始めるかということだと思う。

結婚ということを考える際、やはりそれは新しい人生のスタートであろう。愛は信頼に始まるべきであって、疑いに始まるべきではない。純潔を守るということは、信頼によって愛が始まるケースであろう。純潔を失っているということは、この意味でハンディを負って結婚という人生をスタートすることになろうが、要は疑いを超《こ》える信頼関係を築きうるか否かということになろう。

忘れてはならないことは、性は恋愛に至るための契機《けいき》であり、更に恋愛は愛に至るための最大の契機であるということだ。性が誤用される時、それは情欲に堕《だ》して、恋愛にまで至れない。至愛《しあい》への契機という観点からも、性及び純潔ということを考え直してみることが必要であろう。

愛とその敵

一九八四年　八月四日／五日

愛について数多く語ってきた。しかし真に愛に至る道を知るためには、愛を妨《さまた》げるもの、愛とその敵についての探究も怠《おこた》ってはならないと思う。なぜなら、光は闇《やみ》の存在を認識することによって、一層光輝《こうき》を増すように感じられるからだ。愛は愛を妨げるものを認識することによってその本質が増々《ますます》明らかとなってゆくだろう。ここで私の語る愛とその敵とは必ずしも愛に対立するものではなく、人生という愛の実験室に、一度ならず去来して、一歩誤れば、至愛《しあい》への道からはずれてしまう、そういった事《こと》どもである。

(一) 愛とストイシズム

ストイックに生きるということ、何らかの意味で禁欲主義的時期を経るということは、愛に至る契機《けいき》として重要なことだと思われる。なぜなら、愛は第一に精神的なものであり、第二に利他的なものだからである。

まず第一に、愛が精神的なものであるということに関し、ストイシズムが愛への契機として有効である理由は、物質的欲望を抑《おさ》えて精神的な高みに至るということがストイシズムの根幹をなしているからである。この世的なもの、物質的なものに執《とら》われていると精神的世界に超入《ちょうにゅう》できないのは真実であり、この世的なものをある面でたち切らなければ、愛の本質というものは見えてこないのである。

第二に、愛は利他的なものであるが、人間は生まれ育ったそのままでは、くめどもくめどもくみ尽《つ》くせない泉のようには、利他的な思いが湧《わ》きあがってくるわけではないのだ。自分の実相心《じっそうしん》に気づかないうちは、自然に出てくるのは利己の思いなのである。すなわち愛に至るための初期の状態においては、利己的思いを抑えて、利他的思いに切りかえるという意識的努力が必要とされるのだ。この意味においてストイシズムは恰好《かっこう》の訓練の場となる。

ストイシズムは以上のように、精神的なものに思いを馳《は》せ、利他的思考への転換《てんかん》を促《うなが》すものであるが、愛の敵となる場合もあるのである。ストイシズムは愛に至る契機とはなりえても、ストイシズムそのものが人生の目的となる場合、愛は枯死《こし》していくのである。

なぜなら、まず第一に、愛は他人への寛容《かんよう》をその性質としているが、長期にわたりストイシズムを実践《じっせん》してきた人には、その人特有の、ある種の人を拒絶《きょぜつ》する雰囲気《ふんいき》がたちこめており、自らの生き方に峻厳《しゅんげん》な余り、他人に対しても厳しすぎる面、不寛容、非寛容の面が濃厚《のうこう》となってくるからである。

ストイシズムが愛の敵となる第二の場合は、孤独《こどく》あるいは孤高《ここう》の人となる場合である。孤高は確かにその人の精神的高さを示してはいるが、時に他人との交流の妨《さまた》げとなり、人と人との間を生活空間とする愛にとって、敵となる場合が多い。

極度のストイシズムによって孤高となった人が、愛に参加できる場合は一つしかない。それはその人が世間的にも認められており、多くの人の尊敬を集めている場合である。この場合はその人の思想なり生き方が他の人への手本となりえるという意味での愛であり、本来の愛というよりは、むしろ慈悲《じひ》に近いものであろう。愛が人間と人間との間を照らす横の光であるとするならば、慈悲は神あるいは、神に近い人間から万象万物《ばんしょうばんぶつ》になげかけられる縦の光である。

ストイシズムが愛の敵となる第三の場合は、それが利他への契機とならず、利己主義への橋渡《はしわた》しをする場合である。本来ストイシズムが快楽を避《さ》け、物質的欲望を抑制《よくせい》する理由は、精神の本源なる神に帰一《きいつ》し、すべてを育《はぐく》み生かしている力と一体となるためであろう。しかし、ストイシズムが、自分は他の人とはちがうのだ、特殊《とくしゅ》な人間なのだ、神によって聖別《せいべつ》された人間なのだと思いこむための材料として使われるとき、自他一体を根本原理とする愛の精神に反することとなる。

かくして、愛を志す人よ、ストイシズムも愛の敵となる場合があることを心得ておかねばならない。

(二) 愛と知力

愛と知力について考えてみたい。知力は確かに愛にとっては大切な契機《けいき》だと思う。なぜなら、知力なき愛は、盲愛《もうあい》となり、情愛となり、時に動物的な愛へと変質してゆくからである。知力は正邪《せいじゃ》を分《わか》つ刃《やいば》である。愛は常に正なるものであって、邪《よこしま》なる愛は、本当の愛とはいえない。

例えば、ここにお人好しのある人物を想定するとしよう。彼は人のことは悪く言わない。彼は人に対してとても親切で、人に金や物品を与えることを惜《お》しまない。また人に頼《たの》まれると、やらなくてもよいところまで、自分でやってみせようとする。しかしこの人の心性《しんせい》を心眼《しんがん》で洞察《どうさつ》してみるならば、そこにあるのは、他人によく思われたいという気持と、自分を他人の非難から守りたいとする小心さとである。結局お人好しは、自己愛の変型であることが多く、本人は他人に対する愛深い性格だと思っているのであるが、実際は知力が弱いために、自分の行為《こうい》を客観視できないでいるのである。時に、親子の盲愛なども、知力を欠くために様々の不幸を生み出してしまうこともある。

かくして知力は、正邪を分つ刃として、客観性を保つ第三の眼として、愛に奉仕するのである。

けれども知力が愛の敵となる場合があるのである。その第一の場合が、知力が人間を評価する絶対尺度として使われる場合である。例えば、学歴社会という言葉の示す通り、ある種の知的尺度が、その人間の評価をはかる尺度となる場合である。確かに知的な水準の高い人は、世間的有用性という意味においていわゆる偉い人といえるかもしれない。しかし知力は、人間の才能の一側面であって、主として徳の側面に重きをおく愛とは、次元が違《ちが》う場合があるのだ。しかも、いわゆる知力は差別智《さべっち》であることが多いが、愛は平等《びょうどう》智《ち》なのである。すなわち、愛は人間を平等に扱《あつか》おうとする平等智に基礎《きそ》をおくのであるが、人間の能力に高下《こうげ》ありとする差別智の方面に知力が評価されるならば、知力は愛に対する斥力《せきりょく》として働くのである。わかりやすく言い換《か》えるならば、知力が発達してくると、他人が愚《おろ》かに、劣《おと》ったように見えてくる面が多く、共にいたわり合うという愛の心が阻害《そがい》されるのである。

知力が愛の敵となる第二の場合は、やはり知力が利己主義の道具として使われてゆく場合である。知力が高まれば高まるほど、一般に人は、多くの事《こと》柄《がら》を知り、高い識見《しきけん》を持つようになり、社会的不公平や社会悪に対して鋭敏《えいびん》となり、やがて社会をよりよくしてゆきたいという方向に精神が向ってゆくはずなのである。ところが、その高い知力が、自分だけの立身出世や、財力や名声を築く方向に使われたとなると、これは利己主義への道であり、利他主義を基《もと》いとする愛から大きくそれてゆくこととなろう。利己主義的知力は他人の屍《しかばね》の上に自らの栄達を築かんとするための刃ともなりかねない。やはりこれは愛の敵なのだ。

(三)　愛と恋愛《れんあい》

恋愛《れんあい》は甘美《かんび》なものだ。わずか六十年七十年の人生の中の青春期に異性に対して恋愛する時期があるということは何と美しいことだろう。この一事をとっても、人生というものは本当にすばらしいものだなと私は思う。

さて、恋愛であるが、人は愛というとすぐ異性への愛を、すなわち恋愛を想起することだろう。それはそれでよいのだ。なぜなら恋愛というものは、人が愛に至るための最大の契機《けいき》として設けられているからだ。そうではないか、どんな悪人と称《しょう》される人であっても、どんな聖人と称される人であっても、背の高い人も低い人も、太った人もやせた人も、健康な人も、病気の人も、等しく、思春期には異性を恋しいと思うことがあるのだ。万人が少なくともある人を好きになる時があるということ、これは何とすばらしいことだろう。もし神という言葉を使わせてもらうとするならば、神は万人が愛に気づき、愛を知り、愛を生きる契機として、その最大の契機として、男女という二つの性をお創りになり、恋愛を経験させるようにしくまれたといえよう。かくして恋愛は、愛に至るために最も大切なものと考えることが出来る。

けれども恋愛が、真実の愛から転落してゆく姿を見もし、経験もした人は数少なくはないだろう。恋愛は愛に至るための厳しい試練でもあるからだ。

恋愛が愛の敵となるその第一の場合は、男女の間に、精神的なるものが宿らずに、性的結合に赴《おもむ》く場合である。性的結合自体は、男女の自然の機能であるから、本来善でもなく悪でもなく、価値中立的なものであると私は信ずる。それは幸福を高める方向に機能するか否かによって、善へも悪へも作用するものである。また、性的行為《こうい》が、人生に彩《いろど》りを与え、潤滑油《じゅんかつゆ》となり、活力の源泉ともなっているのは事実である。

問題は、性的行為には人間を肉の中に呪縛《じゅばく》する魔力《まりょく》があり、至愛《しあい》の高みへ、人間を神の側《そば》近くへ導く精神の力を阻害《そがい》する方向へと働きかねないことだ。肉体はあくまでも精神の乗り舟《ぶね》であり、舟が舵《かじ》とることが出来なくなって流されていくことはその人の人生の赤信号を意味している。

恋愛が、愛の敵となる第二の場合は、それが様々の悪徳を生み出す場合である。恋愛が執着心《しゅうちゃくしん》が強すぎるために、嫉妬《しっと》を産み、独占欲《どくせんよく》を産み、猜疑心《さいぎしん》を産むならば、愛本来の利他の思いと相反する利己の思いとなろう。愛の反対は憎《にく》しみではなく嫉妬であると喝破《かっぱ》した哲学者《てつがくしゃ》もあるのだ。やはり、嫉妬や独占欲や猜疑心は愛本来の心的傾向《けいこう》、自他一体の想いに反するものとなろう。この意味で恋愛の副産物が愛の敵となることもあるのだ。

（四）　愛と野心

愛は、二つの清い野心によって高められるものである。その両者ともが向上せんとする野心であるが、その一つが聖《せい》に向って、至聖《しせい》に向って伸《の》びていこうとする思いであり、他の一つが善をめざして、至善《しぜん》をめざして突《つ》き進んでゆこうとする思いである。

まず、聖たらんとする野心であるが、これは愛の本質の一つ、偉大《いだい》なる精神の本源に推参《すいさん》せんとする思いと合致《がっち》するものである。愛をつきつめてゆくならば、それは宇宙に遍満《へんまん》する聖なる力との合流を意味するといえよう。すなわち、自ら聖ならんと欲し、神に近づかんと志す人ならば、大いなる愛の器とならざるをえないのである。

他方、善ならんとする野心、善の極致をきわめんとする野心は、利他心を根拠《こんきょ》とする愛の行をもって完成に至るのである。

古来、聖人となり偉人《いじん》となった人たちは、誰《だ》れも皆この二つの清い野心をもっていたといえよう。しかしこの二つの野心は同時に愛の敵ともなりえるのだ。

なぜなら、まず第一に、聖ならんと欲《ほっ》する心、善ならんと欲する心の中にも、自己顕示欲《じこけんじよく》の芽はかくされているからである。自己顕示欲は愛を腐《くさ》らせるものである。自己顕示欲の目指すところはやはり彼岸《ひがん》ではなく此岸《しがん》にあるからである。

第二に、この二つの野心が愛の敵となるのは、聖人ならんとする姿、善人ならんとする姿が、時に偽善《ぎぜん》の形をとって現れるからである。偽善は魂《たましい》の死である。偽善は仮面をかぶった利己心にすぎない。やはり愛の敵であることを免《まぬが》れない。

(五) 愛と神経症《しんけいしょう》

細《こま》やかな神経を持つということは、愛に生きる人にとっては、肝要《かんよう》なことである。人が愛の大道《たいどう》を歩みはじめるまでには、自分の内面に対する限りなき分析《ぶんせき》と、他人の心の動きに対する限りなき観察の時期を経ているはずである。自他の心に対する細やかな神経、心づかいというものがなければ、愛は、愛としての効用を果すことは出来ても、美の一形式としての愛は完成しない。愛は全《まった》きものだからである。

しかし、この細やかな神経がゆきすぎて、神経症《しんけいしょう》となった場合、これは愛にとって、恐《おそ》るべき大敵となる。

ここで私が神経症と述べているものは、厳密に医学的なものではない。愛の敵となる神経症は、持ちこし苦労と取りこし苦労であり、総じて心配性といわれているものである。

ヨブ記には、義人ヨブが、恐れていたものがすべてわが身に及《およ》ぶといって嘆《たん》ずる場面があるが、心配性の人に対しては、程度の差こそあれ、心配しているようなことが身に降りかかるといったケースが少なくはない。

まず第一の敵、持ちこし苦労であるが、これはもうすんでしまった過去のことをいつまでもくよくよと考える癖《くせ》である。こういう心的傾向《けいこう》のある人は一生憂《うれ》え事がたえないし、幸福というものに対して貧乏症《びんぼうしょう》になっているともいえよう。

しかし、持ちこし苦労というものをよくよく考えてみるならば、それは結局、自己愛が強すぎる結果であり、完全主義的潔癖症《けっぺきしょう》のなせるわざであることに気づく。人間罪の子という思想を金科玉条《きんかぎょくじょう》の如《ごと》く信じて、自分をがんじがらめにしている、ある種の宗教信者たちも、全く同じである。自分自身に対する不幸感覚のみが異常に鋭敏《えいびん》となり幸福感覚が鈍化《どんか》するとき、人は他人に対する愛のためには生きられないのだ。

愛を、精神的な資金潤沢《じゅんたく》、他人に対して、いくらでも貸し与えることができる状態だとするならば、持ちこし苦労をしている人は結局精神的な借金体質であり、借金ばかりつくって人に迷惑《めいわく》をかけていることを意味する。この借金を清算するためには、過去の失敗ばかり悔《く》いても仕方ないのであって、現在を一生懸命《いっしょうけんめい》生きることによって、精神的黒字体質につくりかえる以外にない。愛は精神的黒字体質から生まれるのだ。

他方、愛の第二の敵として、取りこし苦労というのがある。これも結局、未来に対する不幸感覚が強すぎるためであり、自己愛のなせるわざである。人間は誰《だれ》しも、自分の未来がよくあってほしいものだ。しかし、そのことばかりが気になりはじめると、他人への配慮《はいりょ》がおろそかとなってしまう。

愛の敵、取りこし苦労を退治するためには、自分の人生は自分一人のものではなく、世を照らす照明器具として自分に貸し与えられたものだと達観《たっかん》することであろう。

(六)　愛とコンプレックス

文明の発達とともに、人間のコンプレックスの幅《はば》も広がった。太古の時代には、腕力《わんりょく》が強い弱いといった肉体的なコンプレックスが主流であったと思われるが、現代では、肉体的なもののみならず、様々な精神的な葛藤《かっとう》が複雑なコンプレックスを生み出している。このインフェリオリティ・コンプレックス、劣等感《れっとうかん》と愛について述べてみたい。

人は一体なぜコンプレックスをもつのであろうか。他人との比較《ひかく》といったことがその最初の契機《けいき》といえよう。他人の長所を見、短所を見る。そして自分の長所、短所とひき比べてみる。そこでひけ目を感じた時、それがコンプレックスになる。あるいは、その人自身が、内心悶々《もんもん》と悩《なや》んでいるような種類のコンプレックスもある。

コンプレックスの愛に対する効用としては、それがある種の優しさを生み出すという点に求められるだろう。自らがコンプレックスを抱《いだ》いている人は、同じような悩みを抱いている他人の気持がよくわかるのである。

頭が悪くて悩んでいる人は、同様の悩みをもつ他者への共感を抱く。貧乏《びんぼう》に悩んできた人は、貧しい青年に対するいたわりの気持をもつ。そらみたことか、おまえもおれと同じく貧乏に苦しめ、と思うような人は、よほど心のすさんだ人であって、世の中にそんなにいるわけではない。失恋を繰り返して、自分はよほど女性にモテないのではないかと悩んでいる青年は、やがて、悲しんでいる人をなぐさめる立場に立つようになるのである。

こうして考えてゆくと、コンプレックスは人間の弱さ、悲しさを理解するための素地となり、他人に対する思いやり、共感を呼び起こす契機となる。共感は愛にきわめて近い感情である。

しかし、コンプレックスは愛に対する敵となることが多いようだ。第一の敵は卑屈《ひくつ》である。人間は卑屈になると、他人への愛を抱けないばかりか、やがて他人の自分への愛をも拒絶《きょぜつ》しはじめる。

第二の敵は競争心である。常に他人と自分とをひき比べ、他人より自分が優れていないと落ち着かない気持。やはり、コンプレックスの底に見え隠《かく》れしているのは、限りなき自己愛なのだ。

結局のところ、コンプレックスは、自分が相対の世界に生きているという自覚、比較級の世界に生きているという自覚から生じており、本源なる世界、絶対の世界があり、愛がそこに満ちているという、絶対価値の存在に気がついていない未熟さに根拠《こんきょ》があるのだ。

愛は劣等感を慰撫《いぶ》して余りあるものである。コンプレックスを退治する途《みち》は、他者への思いやりというコンプレックス特有の長所を伸《の》ばし、愛に至るしかないのではないだろうか。

第4章

愛と我がミッション

真理《しんり》への道

これから私が語る物語は一九八一年の冬に始まる。当時私は、東京大学法学部の五年生（司法試験受験のため、一年間在学期間を延長していた）、大手総合商社のトーメン（「三井物産」から分かれ、今は、合併して、「豊田通商」と名前をかえている）という会社に就職が内定しており、二月に始まる卒業試験を間近かに控《ひか》えて、学生時代最後の勉強にとりかかっていた。

世田谷《せたがや》の井之頭線東松原駅《いのかしらせんひがしまつばらえき》の近くに、私の下宿はあった。舟橋《ふなばし》という、旧家《きゅうか》の二階に私は一人で間借りをしていたのだ。六畳《じょう》の部屋の中には、大きな本棚《ほんだな》が四個あり、そのいずれにも、ぎっしりと本がつまっていた。思えば、私の学生生活は、読書三昧《ざんまい》の日々であった。社会の有為《ゆうい》の人間となるために、教養を身につけるということを第一義とし、生来《せいらい》の負けず嫌《ぎら》いも手伝って、本だけが財産という学生であった。

ある時、顔を洗おうと洗面所に降りてゆき、自分の顔をみた。眼が異様な光を帯びている。そしてそのままを形容するならば、私の細い目が、かっと見開いたようになり、何ともいえない光沢《こうたく》を帯びていた。その時の私の感想は、あまりいい目ではないが、今後何らかの霊的《れいてき》現象の起きる前ぶれではないかと思った。そしてそれは、そう日時を経ずして事実となった。

「耐《た》えるということ」

一九八二年　十月十一日

偉大《いだい》な思想家で人のそしりを受けなかったものはいない。偉大な宗教家で人に辱《はずか》しめを受けなかった人はいない。

ソクラテスを嘲笑《ちょうしょう》した人々の名前は歴史のかなたに消え去ってしまったが、ソクラテスの名前を知らない人はいない。

「汝《なんじ》の敵を愛せよ」と語ったイエスは、数多《あまた》の敵に囲まれていた。このイエスの言葉を負け惜《お》しみではなく神より出た言葉だと信じた人が何人いたであろう。されば真理《しんり》を愛する者よ、屈《くっ》してはならない。卑下《ひげ》してもならない。勇気をもって耐《た》えることだ。ゲッセマネの園で血の汗をしたたらせて祈《いの》ったイエスは孤独《こどく》であったろう。出エジプト後四十数年を数十万の民とともに流《る》浪《ろう》したモーセも孤独であったろう。

されば、どのようなそしりにも、どのような辱しめにも、どのような孤独にも耐えることだ。耐えるということを通して私たちの人生は底光りをしてくるものなのだ。

愛の天才

一九八四年　八月三日

天才とは、時代を超《こ》えて佇立《ちょりつ》しつつ、その人の生きている時代を変えていく力をもった人のことだ。天才の資質は、やはり天賦《てんぷ》のものだと私は思う。私たち凡人《ぼんじん》が時代を超えて佇立することは、並みたいていの努力でそうなれるものではあるまい。

そう、誰《だ》れもが、数学や物理の天才になることは出来ない。誰れもが世界の大思想家になることも出来ない。誰れもが小説や詩歌の天才になることもない。傑出《けっしゅつ》した革命家の出現は百年に一度であろうし、世紀の大発見や大発明がなされるのは、いつもきまって世界の歴史の変革期だ。

けれども、私たちのうちの誰れもが、努力によって天才になれる道が一つある。それは自らの心の内に埋《う》まっている愛の天才を掘《ほ》り起こすことだ。愛というものは、人為《じんい》によって創り出せるものではないのだ。それは既《すで》に天与《てんよ》の資質として私たちに与えられているものなのだ。

埋まっているものを掘り起こすという、その努力さえ惜《お》しまなければ、誰れもが天才となる道を保証されているのだ。

「愛の天才」――何というすばらしい称号《しょうごう》であろうか。「愛の天才」という名のメダルが、ある人の首にかけられる時、そのメダルの裏にはきっとこう刻まれているだろう。

「この人が愛の天才であるゆえんは、彼が自己探求の結果、自分の存在が愛そのものであることを発見し、他の人にもそのことを気づかせたからである。」――と。

愛の喪失《そうしつ》、愛の不安―世に捨てられし時―

一九八四年　六月十六日／十七日

人は生きてゆく途上《とじょう》において様々な苦難に出会うことは避《さ》け難《がた》いであろう。なかでも、一途《いちず》に生きている人にとって、最大の悲しみは、世に捨てられし時の悲しみであろう。世に捨てられしエレミヤの悲しみを、大なり小なり、多くの人々が経験していることと思われる。世に捨てられし時は魂《たましい》の深く傷つく時であるが、この傷口を防ぐべく魂の偉大《いだい》となる時でもあるのだ。

人が世に捨てられたと思う第一の時は、愛する人に捨てられた時である。

母の愛に満たされぬために泣き叫《さけ》ぶ赤児《あかご》のように、人は愛する人に捨てられた時に魂の奥深《おくふか》くで号泣するのである。

人を愛するとは、自分の内にある目に見えぬ何かを他の人に捧《ささ》げるということである。宇宙は真空を嫌《きら》うという言葉通り、目に見えぬ何かを自らの内から放出した人は目に見えぬ何かが自らの内に流入することを無意識に期待するのである。愛する人に捨てられし時、何物かの流入が止まり、突如《とつじょ》心の中に生じた空洞《くうどう》が、人をして虚無《きょむ》の淋《さび》しさに陥《おとしい》れるのである。

愛する人に捨てられし時、いかにして世に処すべきか。私は次々に新しい恋人《こいびと》を開拓《かいたく》していけるようなドライな、強い性格の青年のためにこの一文を書いているのではない。私は夕日を見ては落涙《らくるい》し、朝日を見上げては自らの不甲斐《ふがい》なさを歎《なげ》く弱き性格の青年のためにこの一文を書いているのだ。

愛する人に捨てられし時、人はとかく早急に自己の再建設を試みようとし、多くの人に会っては自己の不幸を吹聴《ふいちょう》したり、やたら仕事で張り切ってみたり、新規なことをやり出そうとするものである。しかし私は助言する。愛する人に捨てられし時は、貝のように黙《もだ》し、しばし鉛《なまり》の如《ごと》き心重き日々に耐《た》えよと。一つは不幸を吹聴することによって、自己憐《じこれん》びんにひたるが如き、弱き性格を改善するために。いま一つは、運命の与えしレモン。。。の酢っぱさをかみしめ、それをレモネードに変えるための時間をかせぐために。

愛する人に捨てられし時は、目の前が真っ暗となり、全世界が自分の存在を否定しているような気持に捉《とら》われる。けれど理性的に考えてもみたいものだ。自分の半生を振《ふ》り返ってみても、相手の人はそうとはしらなかったけれども、自分は秘《ひそ》かに愛していた人もいたはずである。同じことは、自分に対しても言えることであって、あなたに対する愛を否定し、あなたを悪《あ》しざまに言う人もあるけれど、必ずやあなたを快《こころよ》く思っている人もあるのだ。

愛する人に捨てられし時は、結局、時間と環境《かんきょう》の変化が自分を別の方向へと導いてゆくのを待つしかないのであるが、その間、いかにして自己認識を高めえるかということが、各人に委《まか》せられた解答の出し方ではないであろうか。


人が世に捨てられたと思う第二の時は、身内や友人、そして世人に誤解され、嘲笑《ちょうしょう》される時である。

「燕雀《えんじゃく》いずくんぞ鴻鵠《こうこく》の志を知らん」という故事があるが、若くしかも大志を持っている人の芽をつむのは、たいていその人の身近にあって、その人のことを熟知していると思っている人たちの心ない批判である。しかも、その人が鴻鵠であるかどうかはほとんど結果的に判断がなされるのであって、本人自身も自らが鴻鵠であるや否やを確信することが不可能に近いことが問題をますます難しくするのである。本人が、自らが鴻鵠であることを確信しているとしても、その確信が強ければ強いほど、世人に誤解されることも、嘲笑されることもいきおいその度を増すのである。

私は、燃えたぎるような情熱と理想とを持って生きている若い人が、誤解と嘲笑とによって辱《はずか》しめられている姿を何度となくみてきた。ああ、しかも、不幸なることにこの私自身も、そのような人を一度ならず嘲笑したことがあるのだ。

自らを天才だと思い、天才が世に二人いるわけはないという理由から、哲《てつ》学者《がくしゃ》ショーペンハウエルを階段から突《つ》き落したのは彼の母ではなかったろうか。ソクラテスに悪態をつき、こともあろうに、彼の顔に小水をかけたというのは悪妻の代表とされるクサンチッペではなかったか。

世に誤解され、嘲笑をうけたとして、うち沈《しず》む人に私は言いたい。あなたが、時代に落伍《らくご》しているのか、それとも、時代を超越《ちょうえつ》しているのかは、世人には判らないのである。世人に判るのはただあなたが世の常識の枠《わく》をはずれているということのみである。自らの内なる声に耳を傾《かたむ》けよ。自らの信念に、曇《くも》りなき正当性を感じたならば、あなたはあなたの信じた通りの生き方をするのみである。世人はやがてあなたの後ろをぞろぞろとついてくるであろう。

かつてのギリシャやローマのように、イギリスやドイツ、フランスのように、私はいま数多くの天才たちが日本の国に生まれて来ていることを信ずる者である。天才たちよ、誤解や嘲笑を耐えしのべ。新しい時代の建設のためには当然支払《しはら》わなければならない代価なのだ。鳴かず飛ばずの時代には、静かに黙して力を蓄《たく》わえるべきだ。朗らかさを失わなければ、希望の芽は必ずや地表に吹《ふ》き出してくるものだ。

人が世に捨てられたと思う第三の時は、彼が前人未踏《ぜんじんみとう》の地に我唯一人《われただひとり》ありと実感する時である。自分自《みずか》らで道を切り開いていかなければ、誰《だれ》一人として彼を導きうる人がいない、我が人生に師なしと思い至る時である。すなわち孤高《ここう》の極《きわ》みにも、人は世に捨てられたと感ずるのである。

偉大なる例としてはイエス・キリストの場合を挙げることが出来るだろう。彼にも世に捨てられたとの思いが胸に去来したにちがいないと私は思う。しかし彼が真に世に捨てられたと思ったのは、ゴルゴタの丘《おか》で十字架《じゅうじか》にかかった時ではあるまい。イエスはゲッセマネの園で血の汗《あせ》を流して神に祈《いの》った折に、彼の人生における孤高は絶頂に達したのではあるまいか。

彼は既《すで》に自分が十字架にて死すべき運命にあることを知っていた。しかし弟子たちは何も知らないで、眠《ねむ》りこけている。彼は三たび祈った。「神よ願はくはこの酒杯《しゅはい》を我が口より取り除き給え。しかし御心《みこころ》ならば…」この時、神はイエスに対して、何も答え給《たま》わなかった。

私は思うのである。イエスは、自分が救世主であり、神の子であることを自覚していた。そのイエスにして、やはり、人間として生きたいという苦悩《くのう》、かつての預言者たちを神がお救いになったように、なぜ神は最後の一瞬《いっしゅん》に奇蹟《きせき》をお起こしになって自分をお救い下さらないのかという一厘《いちりん》の疑問があったのだと。

救世主であることの自覚と、人の手にかかって明日は罪人たちとともに刑《けい》死《し》する運命の矛盾《むじゅん》。未《いま》だこのようなことが、身におよんだ人が一人としていただろうか。イエスはまさしくこの時、前人未踏の地に我一人立つという、孤高あるいは孤絶《こぜつ》の極みにあったのであろう。「世に捨てられし時」ということを考える時、私は、ゲッセマネの園で血の汗を流して祈ったイエスの姿を忘れることは出来ないのである。

人類の歴史を振り返れば、前人未踏の地に我一人立つという孤高を味わった人は、十指には止まらないであろう。地動説を唱えて宗教裁判にかけられた、ガリレオもそうであったろうし、船で地球一周を企《くわだ》てたマゼランの心中に去来したものも、我に味方する者一人としてなし、とする孤独であったろう。奴隷《どれい》解放に踏《ふ》み切った偉大なる瞬間にリンカーンの胸に去来したものも、人類の運命を決める瞬間に立ち会った者しか味わったことのない孤高の思いであったろう。

弱冠《じゃっかん》二十八歳で死した吉田松陰《よしだしょういん》が、米国渡航《とこう》を胸に描《えが》いて暗夜に、沖《おき》の黒船を目指して下田《しもだ》から小舟《こぶね》をこぎ始めた時に去来した思いも、日本国の未来を切り拓《ひら》くために、前人未踏の地に我唯一人立つという孤高の思いであったろうと思われる。

世に捨てられし時は、悲しき時である。しかし、その悲しき時こそ、魂《たましい》の試される時なのだ。そして後の世の人々をして、感動せしめる時なのだ。世に捨てられし時、人は裸一貫《はだかいっかん》となる。その人を飾《かざ》るべき何物もなく、その人に味方する何者もない。しかし、白金は灼熱《しゃくねつ》の灯《ひ》の中においてこそ、まばゆいばかりの光芒《こうぼう》を放つのである。世に捨てられたと思い至る時、人は自らが人生の変革期にあるや、はたまた人類の変革期に立つやと、自問《じもん》すべきではなかろうか。

〔メモ〕
第三の時　前人未踏の地
人生の師なし　ただ１人

妻となるひとへ

一九八四年　五月二十七日

妻となるひとよ。私はあなたが一体どなたであるのかまだ知らない。私が現在までに会った女性の中にあなたが既《すで》にいて、私のことを「この人って鈍《どん》感《かん》な人ね。まだ私が妻になるひとだって気づかないのかしら。」と、愛くるしい、よく光る眼でみつめておられるかもしれない。あるいは、あなたはまだ未知の人で、五月の風に吹《ふ》かれながら海辺を散歩しているかもしれない。

妻となる人よ。あなたがどなたであるにせよ、私は未来のあなたに愛をなげかける。幾年《いくねん》かの後に、私の机の中を整理している最中に、あなたがふと私のこの小文を見つけて、二十七歳《さい》のある日の私を、懐《なつか》しい気持で愛さずにはいられなくなってほしいものだ。

妻となるひとよ。現代的な感覚ではないかもしれないけれど、私は縁《えん》というものを信ずる者だ。私は自分の生まれる前から、自分の妻となるべき人が約束されていると、素朴《そぼく》に信ずる者だ。この世の中には、神意の目にみえない糸が張りめぐらされていて、縁ある人たちは着実にたぐり寄せられてくると、私は素朴にも信じているのだ。そうではないか。この世の同じ世代に、幾千万、幾億人もの男女が生まれてきて、全く偶然《ぐうぜん》に一対の男女の組が決まるというよりも、日本という国がこの地上に姿を現すはるか以前から私たちは知り合っていて、今度二十世紀の日本という国に一緒《いっしょ》に生まれて、夫婦として助け合いながら、多くの人たちに対する愛と奉仕《ほうし》の一生を送りたいものだねと約束してきたと思う方が、私たちの出会いをすばらしいものとするのではないのか。

妻となるひとよ。あなたの夫たるべきこの私は、人々に対する愛と奉仕の生涯《しょうがい》を送ることを固く決意している。願わくは、あなたもこの世の光として、ささやかでもいい、世の一隅《いちぐう》を照らす決意をしてもらいたいものだ。

妻となるひとよ。人間の一生は、六十年、七十年のはかない線香花火《せんこう》のような一生だ。しかし神から与えられたこのわずかな機会を、私たちの魂《たましい》を輝《かが》かすために善用しよう。この限られた時間を、人々の幸せのために使おう。

妻となるひとよ。私はこんな話を読んだことがある。ある人が夢をみたのだそうだ。その夢の中では、神の世界に、有名な哲学者《てつがくしゃ》や聖人たちが集まって、みごとな輝きの真理という名のダイヤモンドを賞賛しあっていたのだぞうだ。ところがある哲学者の不注意で、その真理のダイヤモンドを手元から落としてしまい、ダイヤモンドは地上に落ちて小片となって飛び散ったのだそうだ。地上の人たちは、このダイヤモンドの小片を拾いあげては、口々に、自分の拾ったダイヤモンドこそが、世界最高の真理のダイヤモンドだと主張しているのだ。

妻となるひとよ。あなたにはこの夢の話の意味がわかるか。地上に落ちて飛び散ったダイヤモンドの小片が、ある所ではキリスト教と呼ばれ、ある所では仏教と呼ばれ、ある所ではギリシャ哲学となり、ある所では儒教《じゅきょう》となり、あるいは近代のドイツ観念論哲学《かんねんろんてつがく》となっていったのだ。

妻となるひとよ。この私のこの世での仕事は、この飛び散ったダイヤモンドのかけらを拾い集めて、本当の真理のダイヤモンドはもっと大きくて、もっとすばらしいものであることを人々に信じてもらうことなのだよ。ダイヤモンドのかけらを拾い集めるのは大仕事なので、あなたにも少しばかり手伝ってもらいたいのだ。あなたはきっと、それを厭《いと》ったりしないはずだ。

妻となるひとよ。やがてあなたが私の前に現れる日を、すばらしいその瞬《しゅん》間《かん》を、私は心待ちにしている。

ムーミンとして

一九八四年　五月二十七日

名古屋に来て二ヶ月、寮母《りょうぼ》さんの娘《むすめ》さんに「ムーミン」というニック・ネームをつけてもらった。ひと昔前、テレビマンガの主人公となったあのムーミンである。ムーミンがカバなのか、それとも夢を食べて生きるという伝説のバクという動物なのか、不勉強にして私は知らない。ただ、カバは川や、沼《ぬま》に棲《す》むけれど、ムーミンはムーミン谷に住むのだから、やはりカバではなくてバクなのかと考えたりする。

娘さんが、私をムーミンに似ていると言いはじめたのは、おそらく外見が似ているとか、声がよく似ているといったことからだったと思う。けれどもよくよく考えてみると、性格も私に似ているのかと思う。ムーミンは、いつも夢みるように生きている。はにかみ屋で楽天家で、人の言うことを素朴《そぼく》に信じてしまう。外見は悪いけれど、それがひとに不思議な安心感を与える。やはりムーミンと人に呼ばれてもいいな、と考える私。

ムーミンのような人たちばかりだったら、世の中は、急速の進歩などしないだろうけれど、平和で楽しい日々となるにちがいない。ムーミンは怒《おこ》らない憎《にく》まない。ムーミンは人の悪口やかげ口をきかない。ムーミンは雨の日には、晴天を夢み、晴天の日には晴天を楽しむ。ムーミンはグチを言わない。ムーミンは愉快《ゆかい》に生きることしか考えないのだ。

ムーミンの如《ごと》く、夢みながら、ムーミンの如く健《すこ》やかに、ムーミンの如く平和を愛して、人々を愛し人々に愛されるそんなふうに生きてみたいと思う。（最近の霊示で、ムーミンは、北欧のオーディン神の化身だと伝えられている。）

第5章

愛と霊界《れいかい》

悪霊《あくれい》救済論（一）

一九八四年　五月十三日

神を信じ、神がこの世界を創られたことを信ずる者にとって、最初の難問となるのが、悪霊《あくれい》の存在である。

勿論《もちろん》、悪霊は人間の通常の肉眼で見えるものではない。しかも、悪霊について語られる文献《ぶんけん》が常におどろおどろしい、不気味なものであるために、時に霊的な世界がこのようなうす気味の悪いもののみであると勘違《かんちが》いされ、ある時は迷信とされ、ある時は非科学的だと否定される。

しかし、霊的に開けた者にとっては、悪霊は確かに存在するものであり、それが霊界《れいかい》の底部を構成する霊群《れいぐん》であることは明瞭《めいりょう》に感じとられる。まず悪霊とは、どのような特徴《とくちょう》を持った霊であるかを、筆者の体験を通して語ることとしよう。

まず第一類型の悪霊は動物霊である。これは死せる動物の霊魂《れいこん》のうち、人間界に迷い出て、様々な障《さわ》りを起こしている霊たちである。彼らは気の毒といえば気の毒な霊たちであり、人間のように真理《しんり》に触《ふ》れる機会もなく、肉体と霊の違いも、生と死の境も認識していない。そして自動書記等を通じて語らせても、せいぜい、自分が何の霊であるかということや、苦しい、ひもじいといった訴《うった》えしかしない。

筆者が今までに体験した動物霊としては、殺されたヘビの霊、犬の霊、豚《ぶた》の霊、最も多い狐《きつね》の霊、などがある。

これらの霊の特徴は、うらみの念、憎《にく》しみの念、むさぼりの念などが強いことである。ヘビの霊は、憎しみや怒《いか》りの念の強い人に憑依《ひょうい》するケースが多いようである。犬の霊などは、私は二人の人間の場合しか知らないのだが、一人の場合は、非常に生活がふしだらでなんとなく野良犬を思わせる生活をしていた。もう一人の場合は、単なる犬の霊とは思えない、ある地域では犬《いぬ》神《がみ》とでも称《しょう》される、凶悪霊《きょうあくれい》に憑依されていたが、その人は盗癖《とうへき》があり、まわりをキョロキョロ見回すような、人から嫌《きら》われ、うとんじられる性格の人であった。

狐の霊は、最も臨床例《りんしょうれい》としては多い。これは日本古来の稲荷信仰《いなりしんこう》を縁《えん》として、一つの霊的磁場が出来ていることが原因と思われる。狐霊の特徴は、不幸な境遇《きょうぐう》にありかつ、宗教心を持つ人に憑依するケースが多いということである。本人はそうとは知らず、お稲荷さんにお参りしたり、生魚や、エビ、カニ、シャコの類《たぐ》いを非常に好んで食べたりする傾向《けいこう》がある。

思うに、この世界が神の創造によるものであるならば、人間のみが、霊肉を併《あわ》せ持つ存在であって、他の動物には肉体しか存しないと考えるのは妥当《だとう》ではなかろう。三次元の生物には全て神の「息」が吹《ふ》き込《こ》まれており、その意味で生きている、魂ありとするのが、論理的でもあろうかと思われる。勿論動物霊たちは、魂意識も低く、人間の霊と比較《ひかく》すると相当の認識のへだたりがありはするが、彼らも少なくとも、生と死の区別を知り、お互いに仲良く生きていくのが幸福なのだとする、最低限の悟《さと》りのチャンスを与えられている。

悪霊の第二類型は、自分が死んだことを知らない人霊《じんれい》である。死があまりに突然《とつぜん》であったために、この現象界に異常に執着《しゅうちゃく》を持つ場合が多い。事故や病気による死にみまわれ、生きていた時死後の世界を信じていなかった人々は、よるべもなく、肉親や親類縁者《しんるいえんじゃ》を頼《たよ》ってきたり、いっしょに生活しようとしているのだが、彼らの干渉《かんしょう》が様々の悪影響《あくえいきょう》を及《およ》ぼして、生きている人々に身体的不調和を起こしたり、様々の悪感情を増幅《ぞうふく》して、結局生きている人々を不幸にしてゆく。自らの親しい人たちを不幸にするつもりはない場合が多いのだが、この霊たちは自らが助かりたいという一念のみしか心にないので、それが肉体修行をしている人々を邪魔《じゃま》することとなるのである。これらの悪霊に対しては、生きている人が、正しい宗教心を持ち、明るく幸福に生きてゆく姿を見せて次第に彼らを感化し、救ってゆくしかない。

悪霊の第三類型は、所謂《いわゆる》、地獄霊《じごくれい》である。彼らは人間として生きて来た時に、神の子の使命に反する生き方をしたために、天上界に行けずにいる。この地獄霊の分類については、西洋では例えば、ダンテの神曲《しんきょく》、東洋では一般に地獄思想として様々に説かれている。この全てを説く余裕《よゆう》はないが、特徴的な地獄霊としては次のようなものがある。

①阿修羅地獄《あしゅらじごく》の霊

この霊は、闘争心《とうそうしん》、破壊心《はかいしん》、人間不信を念の色彩《しきさい》として持っている。競争心の強い者や人の悪口を言う者、人を傷つける者を背後であやつっていることが多い。

②色情《しきじょう》地獄の霊

現代の世情では、性の自由化が進んでいる。避妊法《ひにんほう》の進歩や、男女同権思想、家族制度の崩壊《ほうかい》、人工授精など、性を解放する動きが色々ある。全てがまちがいだとはいえない。ただ性は人間を霊として目覚めさせるよりも、肉として自覚せしめる方向に作用しやすいということだ。その意味において、色情に溺《おぼ》れることは、神の子としての人間の本性に反し、やはり同種の悪霊の作用を受けやすいということである。色情霊という地獄霊の存在が、色情が神の理《ことわり》にかなう方向にないことを示している。

③無頼漢《ぶらいかん》地獄の霊

所謂《いわゆる》、ヤクザ、ゴロツキの類《たぐ》い、神の子としての気高《けだか》さを失った人々の霊であり、粗暴《そぼう》な波動を持った人々の霊である。やはり同類相集《どうるいあいあつ》まるの法則で、粗暴な人々に憑《つ》いてくる。彼らを救うのは、神の子としての自覚、聖なる使命の自覚である。

④動物界地獄の霊

神の子人間としての自覚が足りず、動物のように生きてきた人たちの行きつく先である。彼らは愛を知らず、神を知らず、人間の何たるかを知らず、自らの本能のままに生きている。時には純粋《じゅんすい》の動物霊とまちがえるような姿で、霊能者の前に現れる。所謂畜生道《ちくしょうどう》に堕《お》ちた人の悪霊である。

⑤無間《むけん》地獄の霊

間違った宗教指導者や、学者、思想家、政治家など、多くの人々を迷わせた人々のゆくところが無間地獄であり、更に深い地獄へ堕《お》ちてゆくと所謂悪魔の仲間入りをすることとなる。

他にも色々の地獄霊があろうが、それは類書に見られるものでもあり省略する。

悪霊の第四類型は、俗《ぞく》にいう悪魔であり、サタンである。勿論、サタンといえども元は人の子、この地上に人間として生活した霊が神の子としての使命に反して生き、地獄に堕ち、長年地獄に棲《す》むうちに地獄の住人として力をつけ、積極的に地上界の人間をも迷わせようとしている姿である。彼らの中には、元、天使であった者もおり、仏教の修行僧《しゅぎょうそう》であった者もある。自らが道に迷ったのみでなく、その霊力にものを言わせて他の悪霊たちに君臨しているのである。

現代は末法《まっぽう》の時代であり、天上界の波動と地獄界の波動が地上を境としてぶつかり合っている。そして正しい真理《しんり》が説かれる折には、神の意を体した指導霊が真理を説くのを妨《さまた》げるべく様々の妨害をする。釈迦《しゃか》の悟りを妨げたのも、イエスを迫害《はくがい》すべく人々をあやつったのも、日蓮《にちれん》を次々と襲《おそ》ったのも、このサタンたちの対抗勢力《たいこうせいりょく》である。

そして現代において、筆者の悟りを妨げようとして様々な身体的苦痛、精神的苦痛を与え、霊道《れいどう》現象を妨害しようとする悪魔がある。一九八一年九月に現れたベルゼベフがその一人であり、同年十月に現れたルシフェル、一九八二年五月に現れ、現在（一九八四年五月）に至るも、二年近くにわたって様々に試みてくる元密教僧《みっきょうそう》・覚鑁《かくばん》がそうである。

これらのサタンは、単なる地獄霊とは違い、神の国建設の積極的妨害を意図している。しかし彼らも永遠の時のうちのいつかは必ず救われることになっている。彼らは天上界を縁としてではなく、この地上界を縁として地獄に堕ちたのであるから、私たちがこの地上界を縁として彼らを救うほかないのである。具体的には、この地上に神の国を創り、地獄へのエネルギー源を断つこと、そして、彼らをして反省せしめ、感化していくことしかないのである。地獄のサタンをも浄化《じょうか》してゆく、大いなる法を私たちはこれより説いてゆかねばならないのだ。

悪霊《あくれい》救済論（二）

一九八四年　五月十四日　朝

地獄《じごく》というものが、単なる思想としてではなく、現にあり、悪霊《あくれい》というものが生きている人々を迷わしている現状は、神が地獄を創ったのか、あるいは、地獄霊をも創ったのか、はたまた、地獄というものをなぜなくしてしまわないのかといった諸問題を生むこととなる。

現在、私の得ている答えとしては、地獄は神がお創りになったものではなくこの地球上を転生輪廻《てんしょうりんね》を通じて長年修行の場として使って来た人類が創ってきたということだ。そして地獄を創り出した法則は、因果応報《いんがおうほう》という、まいた種は自《み》ずから刈《か》り取らねばならないとする有名な法則である。すなわち、例えば地上生活において憎《にく》しみをもって生きて来た人々は、その憎しみが誤りであったことを地獄で自分と同様に憎しみを持って生きている人々と接することによってやがて悟《さと》ってゆくべくしくまれているのだ。

　まいた種は刈り取らねばならないとする法則は、このように個人の場合にもあてはまるが、全体としての人類にもあてはまる。すなわち、人類がこの地上生活を縁《えん》として地獄を創って来た以上、地上生活を縁として地獄をなくしていかねばならないということである。このために、神は一時に地獄を破《は》壊《かい》されようとはせず、人類の努力による地上の浄化《じょうか》、ひいては地獄の光明化に期待しておられるのである。

地獄とは、霊界における病院なのである。そこにいる患者《かんじゃ》たちは魂《たましい》が病んでいるのである。神がなぜ悪霊を放置しておくのか、なぜ業火《ごうか》によって焼き尽《つ》くしてしまわないのかという人々の疑問に対しては、私は問いたい。ではあなたがたは、病人は人間ではないというのか。健康な人間のみが人間であるとするならば、病人は人間ではないともいえるかもしれない。しかし、実際はそうではあるまい。誰もが病気にかかる可能性はあり、病気にかかるには本人の不養生と外部的原因もあるが、私たちは病人を救おうとするではないか。

悪霊とは魂の病人なのである。神が長い目で彼らの立ち直りを待っておられる理由は、私たちが病人の健康回復を祈《いの》っているのと同様である。神が彼らの存在を許しておられる理由は、私たちが病人の生存を認めているのと同様である。

神が病人を創ったのではない。神は健康な人間を創られたのである。健康な人間は病むことがあってもやがて病から回復するのである。同じように私たちは地獄を病院だと考えよう。悪霊を病んだ人だと考えよう。悟りという薬によって彼らは健全な魂としてよみがえるのだ。病人がそうであるように悪霊たちがいかに自我我欲のかたまりであろうとも、私たちは医師のように、病人の家族のように、彼らをさとし、彼らをはげまし、彼らを善導し、彼らを救っていこう。そこにまた、私たちの魂の進歩もあるのだから。

悪霊《あくれい》救済論（三）

一九八四年　五月十四日 夜

さて、悪霊《あくれい》とは魂《たましい》の病人であることを述べた。それでは魂のいかなる部分が病んでいるのであるか。それがわからねば病人を治療《ちりょう》することができないではないか。

彼らに共通している第一の特徴《とくちょう》は、愛の欠如《けつじょ》である。彼らは愛のすばらしさを知らない。真に人の身になって考えるということ、真に人のためを思って行うということ、真に人にやさしくするということ、真に人のために尽《つ》くすということの意義を知らない。人を善導することの楽しさ、人を押し上げていく時の努力の確かな手ごたえ、さわやかな人生の味わいを知らない。愛こそが人生の目的であり、愛こそが自分を向上させてゆくものであり、愛こそが唯一《ゆいいつ》の力であり、愛こそが彼らを地獄界《じごくかい》から連れ出して天上界へと向う救いの舟《ふね》であることを知らない。悪霊たちは、この地球に引力があるように、神の子である人間は、お互いを結びつける愛の引力に支配されていることを知らない。この愛の引力に逆《さから》って生きようとするからこそ、彼らは苦しいのだ。この宇宙の法則に逆おうとするからこそ、彼らを苦しめる反作用が働くのだ。この意味で愛の欠如とは、法則に対する無知をも意味している。

悪霊に共通している第二の特徴は、彼らが転生輪廻《てんしょうりんね》の法則を知らないということである。人間は神より与えられた永遠の生命を生きているのである。

悪霊の大部分は、もっと肉体生命を楽しみたかった、死にたくなかったという思いに捉《とら》われている。しかし彼らは真理を知らない。人間は永遠に死ねないのである。死にたくとも永遠に死ねないのである。

例えば地球が太陽の廻《まわ》りを公転しつづけるように、人間の生命は、時々刻々に位相《いそう》を変えながらも、永遠に実在界とこの現象界を往《い》きつ戻りつしているのである。人間は、数十年、数百年、数千年というそれぞれの周期を持って、この地上に誕生する生命なのである。

悪霊に、この宇宙の大真理が果してわかりえようか。私たちが、何万年、何十万年いや何億年もの間、無数の転生輪廻を繰り返してこの地上に降り立った仲間であるならば、なぜお互いに憎《にく》しみ合ったり、傷つけ合ったり、殺し合ったり、しなければならないのか。たといどのような苦しい地上人生を送ったにしても、わずか六十年七十年の苦しみは、永遠の人生から見たら、ほんの一瞬《いっしゅん》の出来事でしかないのだ。たといどのような困難がふりかかろうとも、それらは私たちの人生を磨《みが》き、光らせるための砥石《といし》にしか過ぎないのだ。

悪霊に共通する第三の特徴は、彼らには、真正《しんせい》の世界観がないということである。彼らはこの三次元的現象世界と、四次元以上の多次元的実在界との違いがわからない。それゆえにこそ、死して後に迷っているのである。

私たちが肉体を持って修行しているのは、この三次元世界であって、霊の世界は四次元以上と以降の多次元的世界なのである。彼らは四次元以降の住人であるからこそこの三次元世界を見聞することが可能であるが、私たちの世界からは、三次元以外の世界を見聞することができないことは物理学上の理論である。

悪霊たちは知るべきだ、この三次元には、完結した三次元の世界のあることを。そして彼らは、四次元以降の霊界で更《さら》に修行を積まねばならないことを。彼らは自分たちのいる世界がわからないからこそ、様々に迷っているのだ。

悪霊に共通する第四の特徴は、彼らは、自らが神の子だということを知らないということである。人間が神の子である証拠《しょうこ》は、全ての人が、愛し愛される能力を持っているということ、全ての人間に、人にうそはつけても自分自身にはうそのつけない良心があること、全ての人間が善なるものの本質を生来的《せいらい》に知っていることである。神の子の自覚が、悪霊をして、本来の自己に立ちかえらせる契機《けいき》となるのだ。

霊的段階論《れいてきだんかいろん》と平等論

一九八四年　五月二十日

霊界《れいかい》の住人たちの通信を聞き、ある意味で疑うことの出来ないことは、彼らの世界にも厳然とした意識の段階の差があるということである。神の創られた実在界になぜこのようなはっきりとしたヒエラルキーがあるのか、もし霊界が、神の意志によって創られた実在界であるならば、全ての人が大団円をつくって、愛と平和のうちに暮せるたった一つの世界があれば十分ではないか。それなのに実在界にはなぜ様々の段階差のある世界が存在するのであるのか。これは一つの重大問題であると思う。

かつての宗教は、私たちの住んでいるこの地上界を仮の世、死後の世界を実在界（あの世）として捉《とら》えていたが、霊界から消息を分析《ぶんせき》するにつれ、死後の世界を一括《いっかつ》して実在界として認識するには多少の無理があると感じられはじめた。すなわち、実在界と称《しょう》される世界にも、この世以下の生々しい世界もあれば、地上意識の非常に薄《うす》れた高貴の世界もあるからである。そこでまず、段階的に捉えた死後の世界について、私の理解しえる範囲《はんい》で述べたいと考える。

①四次元の世界（幽界《ゆうかい》・地獄界《じごくかい》）

この世界は、私たち三次元世界に近接しているため、三次元意識が非常に濃厚《のうこう》である。通常、肉体を脱《ぬ》ぎ捨てて幽体《ゆうたい》という体でこの四次元世界に霊たちは生きている。この世界の霊たちの特徴《とくちょう》は、自分たちが死んだということを十分に認識していないこと、死んだということをかすかに認識していても、自らが神の子であるということ、この世界が神の創られた世界であるということを認識していないことである。

死せる者の霊のうち、魂意識《たましいいしき》がさほど悪に染まっていない者、地上生活の延長を営《いとな》みたいと思っている者が、幽界という世界を形創って生活している。他方死せる霊のうち、魂意識が悪に染まっており、その悪を洗い落とす必要のある者、死後も悲しんだり苦痛を訴《うった》え続けている者、地上生活に極度に執着《しゅうちゃく》している者などが地獄界を展開している。

地獄にもいくつかの段階があり、比較的《ひかくてき》浅い所に無頼漢地獄《ぶらいかんじごく》などがあり、底深い所に無間地獄《むけんじごく》がある。この段階の差は、前者はヤクザのように他の人々の生活をおびやかしたり、肉体生命に危険を及《およ》ぼしたりしたものであるが、無間地獄にいる霊は、誤った思想や信条や宗教によって神の子の生命である魂そのものを腐《くさ》らせたり、神法をゆがめたりしていたという罪意識のために苦しんでいるということである。

②五次元の世界（狭義《きょうぎ》の霊界、善人界）

広義では天上界も地獄界も霊界であるが、この五次元の世界を狭義の霊界と呼びたいと思う。彼らのうちの大部分は死後幽界の世界に入り、一応人間神の子という真理を悟《さと》ってこの霊界に引き上げられた霊たちである。地上生活をしていた時に善良な市民として生きて来た人々がこの霊界で共同生活をしている。しかしまだ、彼らは神の理《ことわり》を十分には知らず、更《さら》に上の世界の人々に真理を教わっている。

③六次元の世界（光明界《こうみょうかい》）

よく天界と呼ばれるのが、この六次元以降の世界の人々である。彼らは自分の得意とする分野を持っていて、この地上を光明化している専門家集団である。学者や、芸術家、宗教を説いても道学者《どうがくしゃ》の段階に止まっている人々などがいる。

この光明界にいる一人が、例えば日本の小説家の草わけとも言うべき紫《むらさき》式部《しきぶ》であり、彼女からの通信によれば、現在では日本の郊外《こうがい》のような景色のよい所に、一戸建の家に一人で住んでいるとのことである。生活は割合単調なようで、庭の草花に水をやったり、毎週一回は作家のグループの会合に出たり、モダンな格好をしてスーパーマーケットのような所で買物をしたりしている。買物といっても紙幣《しへい》は用いず、品物相当額の感謝の念を相手に与えるとのことで、この感謝の念を与えられた人は、その分だけ富むこととなるのだそうである。自動車もあればテレビもあり、霊界ニュースが流されると彼女は語る。

また彼女の作品にちなんで男女の恋愛はこの光明界にもあるのかどうかということを尋ねたところ次のような答えが返ってきた。つまり、路上であるいは会合ですてきな異性に出会った時は、すてきだなという気持、わくわくした気分を味わうことはあり、それを恋愛感情といえなくもないが、性的な意味あいはあまりない。神への愛、神よりの愛といったことをいつも考えているために、人間的な愛は若干色あせて見えるとのことであった。

ところでこの六次元の世界は、一応、各界のリーダー的自覚を持った霊たちで構成されていると言いうるが、光明界にも上段階、中段階、下段階という厳しい段階の差がある。光明界の上段階にはいわゆる諸天善神《しょてんぜんしん》といわれる光の天使たちがおり、更《さら》に上段界をめざして修行をしているとともに、光明界や霊界の人々に神法をかみくだいて説明している。光明界の人々の悟《さと》りを一言でいえば、知の悟りであり、哲学《てつがく》として或《あるい》は道学としての悟りであるといえよう。

他方この光明界の裏側ともいえる世界がある。同じく、六次元の世界ではあるが、現象界にあった時、厳しい肉体修行をして悟った人々で、知的に悟った人々とは別に行《ぎょう》によって悟った人々の世界である。天狗界《てんぐかい》とか、仙人界《せんにんかい》とか称《しょう》される。いわゆる超能力者《ちょうのうりょくしゃ》の世界で、この地上にあった時、宗教家であった者も多いが、霊力即《そく》悟りと心得ちがいをして、神仏の真の愛や慈悲《じひ》の世界にまでは到達《とうたつ》しえないでいる。催眠術《さいみんじゅつ》や占星術《せんせいじゅつ》、姓命《せいめい》判断、奇術《きじゅつ》、心霊《しんれい》治療《ちりょう》をやっている者たちを、背後で指導していることが多い。

④七次元の世界（菩薩界《ぼさつかい》）

六次元が知の悟《さと》りや行《ぎょう》の悟りを得た人々によって構成されているのに対して、この七次元は、愛の悟りを得た人々によって構成されている。なぜなら愛は知にまさり、愛は力にまさるからである。いいかえれば、七次元的悟りとは、小乗《しょうじょう》的な六次元の悟りを超《こ》えた、大乗《だいじょう》的な悟りともいえる。少なくとも他の人々のために生きるということを考えていない人でこの菩薩界にいる人はいないといってよい。

菩薩界の人々は、如来《にょらい》が法を説く時に、如来とともに肉体を持って人々に法を伝える役目をするほか、神法の中興《ちゅうこう》のために一団となって現れることもある。あるいは、宗教家としてではなく、時代を進化させる目的でもって、学者や、芸術家や、政治家となって生まれることもある。

日本に生まれた人で有名な菩薩としては、日蓮《にちれん》、親鸞《しんらん》、空海《くうかい》、などの宗教家がいるし、近代では、坂本龍馬《さかもとりょうま》とか、中江兆民《なかえちょうみん》とか、内村鑑三《うちむらかんぞう》、矢内原忠雄《やないはらただお》などがいる。（続く）

〔メモ〕

存在の根拠における平等と進化目的における平等

霊的自由論《れいてきじゆうろん》

一九八四年　五月十六日　①
五月二十日　②

①創造する自由

神は人間に自由をお与えになった。その自由とは、創造する自由であり、自らを律していく自由でもある。

まず創造する自由であるが、神は私たち人間に対してこの地球上に楽園を創る自由をお与えになったのである。私たち人間は、この地上に降誕する以前に既《すで》に実在界に存在していたのである。そして神は人間をこの地上に遣《つかわ》すときに、「人間たちよ、汝《なんじ》ら、この地上に肉を持て。肉を持ちて修行せよ。この修行は苦しいものとなろうが、そのかわり、汝らにすばらしい宝を授けよう。すなわち、この地上に楽園を築くという創造の自由を汝らに与えよう。神である私がこの実在界を創造したように、汝ら人間もこの三次元の現象界に楽園を創造せよ。」と述べられたのである。人間が神の子と呼ばれる理由は、神に帰属する創造の自由を与えられているからである。

しかし、注意深く神の言葉を読んでほしいのである。神は楽園建設の自由を人間に与えられたのである。闘争《とうそう》や不調和の世界ではなくして、偉大《いだい》なる大調和の世界の建設を人間に委《ゆだ》ねられたのである。楽しさと喜びのあふれる世界の創造を希望されたのである。

これに反して人間は、長い歴史の中において何度も何度も、悲惨《ひさん》な世界、争いの世界、醜悪《しゅうあく》な世界を繰《く》りひろげてきた。これが人間の神性に反したため、業《ごう》とか罪とか言われるものを人間は背負い込《こ》むこととなったのである。繰り返すが、人間は神より楽園創造の自由を、楽園建設の自由を与えられたのであり、逆に、地上楽園創造の義務を神に対して誓《ちか》ったのである。

②自らを律してゆく自由

神が人間にお与えになった第二の自由は、自らを律してゆく自由である。無神論者たちはしばしば、神が完全無欠なものであるならば、なぜこの世に悪が栄えるのか、悪を犯す人が跡《あと》を断たないのはなぜなのかと問いつめてくるであろう。その答えとして言いうることは、神は人間に自らを律してゆく自由を与えられたからだということだ。

ある光の指導霊は私に対して、このことを次のように説明された。すなわち、人間というものを産卵するために川を遡《さかのぼ》るサケにたとえるならば、産卵のために上流に向って泳げということが神の至上命令である。上流に向って泳げということは、神の御胸《みむね》に帰れということ、善なるものに向って進めということである。神はこのために川の上流に向って泳いでいく習性をサケ（肉体人間）に授けられたが、サケが上流に向って泳ぐように出来ているということは、サケが自らの意志によって下流に泳いでいくことが出来ないということを意味するものではないということである。

すなわち、神が善のみを行い悪を行わないように人間を創りえたのに、なぜ、そうされなかったのかという疑問を抱《いだ》く人に対しては、上流に向ってのみしかサケが泳げないとしたら、サケはまるで機械であり、自由というものがない神のロボットになる。

サケは必然の姿としては、上流に向って泳いでいくのだけれど、そのサケが産卵するまでの旅を眺《なが》めてみるならば、ある時は下流に向って泳いでいく場合もあるし、遠回りする場合もあるという説明をえるだろう。この下流に向って泳いだり、う回したりすることが、人間の場合には、罪を犯すということなのだが、罪の償《つぐな》いとは、結局下流に向って泳いだり、う回した分だけサケは余分の努力をしなければ上流の目標地までたどりつけないということと同じなのだ。

自《み》ずからまいた種は自ずからが刈《か》り取らねばならないということも、因果《いんが》応報《おうほう》という理《ことわり》も、結局はこのことを、つまり、上流に向って泳ぐべしとの神の至上命令に反したものは、その命令に反した分だけまた再び泳ぎ遡るという努力を果たさねばならぬということなのだ。これが、神が人間に与えられた自由の第二、自らを律する自由である。

第6章

愛と幸福哲学《てつがく》

認識と表現の幸福哲学抄《てつがくしょう》

一九八四年　一月二十一日

幸福は外的な事物に関して生ずるものではない。幸福は物質にまつわるものではない。幸福は心的なものである。しかり、しかり、多くの思想家が、多くの宗教家が幸福は心の内にありと述べた。

私もまた、幸福はわが心の内にありと思う一人である。別な言い方をするならば、幸福は心の持ち方によって来たり、心の持ち方をゆがめれば去ってしまうという認識を持つことが幸福に至る第一歩であろう。そして自らの心の持ち方が変わるならば、自らをとりまく外的事象、物的環境《かんきょう》さえも変わってくるとする認識が幸福への第二歩であろう。確かに、豊かな心を持ちし人には、豊かな環境があらわれてくるのだ。

けれども、幸福は心の持ち方にありとする第一の認識と、心の持ち方次第で外的にも幸福にふさわしき事象があらわれるという第二の認識も、未だ確固たるものではない。なぜなら認識は認識にとどまる限り、うつろいやすく、はかないものだからである。

認識を心の記憶板《きおくばん》に刻みつけるためには、私たちには是非《ぜひ》とも表現という作業が必要とされるのだ。声に出して、「私は幸福である」と言える者は既《すで》に幸福なのだ。顔の全面に笑みを浮かべ幸福の表情をつくりうる人は既に幸福なのだ。そして不思議なことに、幸福の認識を確固とするために表現という作業を必要としたにもかかわらず、表現することによって私たちは却《かえ》って幸福を認識することが可能となるのである。そこで私たちは、認識——心の持ち方——表現という三つの要素が互いに輪廻《りんね》して幸福という名の磁場をつくり出していることを発見するに至るのだ。

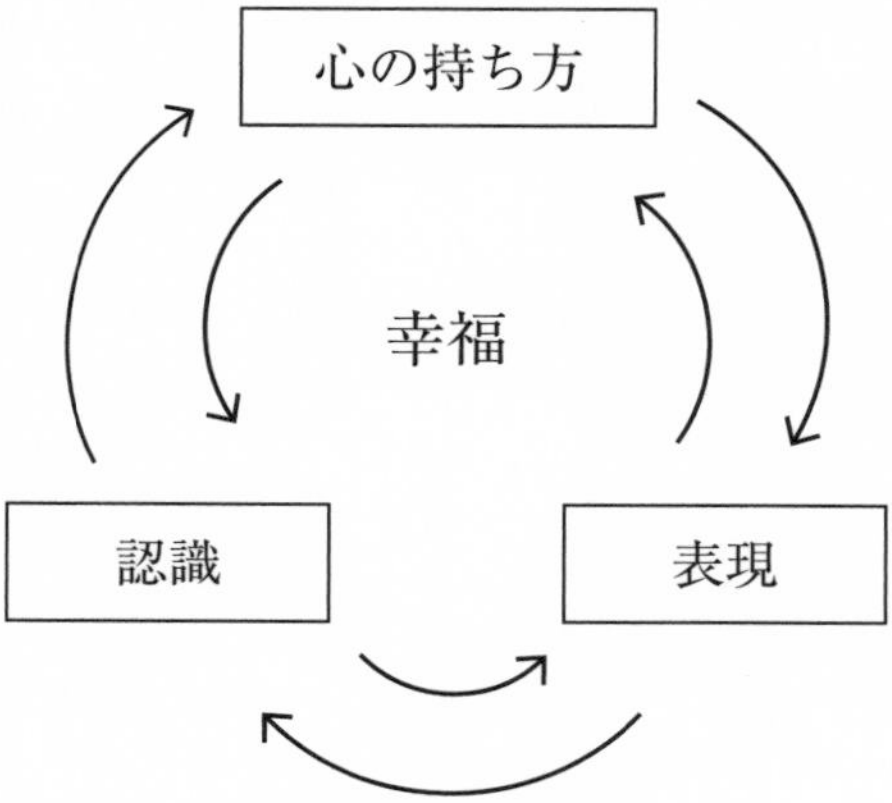

幸福と時間

幸福に生きたいと願う人は、自らが天地という偉大《いだい》なる空間の中を流れる時間の中に在《あ》るという、第一にして根本的なる原理をみのがしてはならない。なぜなら、私たちの幸・不幸を生み出すすべての要素は、時間という流れの中に銀河の星くずのように光っているからだ。たとえていうならば、様々の星くずが、ある時は凝集《ぎょうしゅう》し、ある時は拡散して、私たちの人生を、あるいは明るく、あるいは暗く彩《いろど》っているのだ。

したがって、まず第一に言えることは、幸福に生きたいと願う人は、自分自身の人生の時間の流れの中に、幸福を形造る要素のすべてがあるということ、そして時間を媒介とする諸要素の離合集散が幸福への鍵となっていることに気づかねばならないということだ。喜びも悲しみも時間の流れの中にある。私たちが人間として経験しうる事柄《ことがら》のうちで、時間の流れからのがれ出うるものなどありはしないのだ。すべての愛も、すべての憎《にく》しみも、すべての希望も、すべての絶望も、大いなる時間の流れの中を、浮《う》きつ沈《しず》みつ流されてゆくのだ。

さらに論ずるならば、幸福を志す人は、時間というものが、ある意味では、生きており、主として現在から過去に向って流れてゆくが、時に現在という一点を徘徊《はいかい》し、さらには現在から未来へ、過去から未来へと逆流してゆく性質をもったものだということを認めることに同意するだろう。これが幸福と時間に関する第二原理である。すなわち、時間は生きているということ、生きている以上、過去へ向っても、未来へ向っても動いてゆくことが出来るということだ。そうではないだろうか。

思い出してもみたまえ。過ぎ去ったはずの時間の中に投ぜられた小石の波《は》紋《もん》が、現在のあなたへも、未来に生きるであろうあなたへも影響《えいきょう》を及《およ》ぼすのではないだろうか。さらにまた、未来に投ぜられるであろう幸福の、あるいは不幸の小石が、現在あるいは過去のあなたに波紋を投げかけているのではないだろうか。

時間という生き物は、たとえていえば、尺取虫《しゃくとりむし》のようなものである。過去に向ってはってゆくことも、未来に向ってはってゆくことも、あるいはどこかの一点にうずくまることも出来るのだ。そう、私たちのうちのある人が、過去に過ちを犯したとしよう。その人がその過ちを全く取り返しのつかないものとして苦悩《くのう》するならば、時間という名の尺取虫は、その過去の一点に固《こ》執《しつ》して動かなくなるのだ。この時、その人は、たとい時計的時間がいくら進もうとも、現在にあって現在になく、未来にあって未来になく、過去の一点に生きているといえよう。

また、例えば、ある独身の女性が、すばらしい結婚《けっこん》のことを常々夢に描《えが》いていると想定しよう。終日、その問題が彼女《かのじょ》の頭を独占《どくせん》しているとするならば、彼女の時間の尺取虫は既に未来に向ってはい出しており、未来のある一点にうずくまろうとしているのだ。

さて、ここで、私たちは幸福と時間に関する第三の原理と、第四の原理とを見い出しうる。

まず第三の原理として、時計の針の指し示す時間は各人にとって平等に進み、不可逆的であるが、幸福に関する時間は、第二原理にいうように可逆的であるのみならず、各人にとって個性的だということだ。言葉を換《か》えていうならば、幸福に関わる時間とは個性的時間であるということだ。なぜなら、時間の尺取虫がどちらに向って動いてゆくかは、全く各人の心的傾向《しんてきけいこう》に委《ゆだ》ねられるからだ。現在に没頭する人あり、将来の楽しみごとや憂《うれ》いごとばかり気になる人あり、といった具合だからだ。

次に第四の原理として、幸福に関わる時間を決定するものは、その人にとっての主要関心事だということだ。すなわち、その人が過去の時間に生きているか、未来の時間に生きているか、あるいは現在の時間に生きているのかは、その人の主要関心事に委ねられるということだ。失意に沈む人にとっては、時間の尺取虫は、過去の悲痛な出来事の起きたその一点にしがみついているのだ。この時その人の日常生活に対する関心は稀薄《きはく》となり、会社でのデスクワークは事務的に片付き、皮肉なことに、腕時計は昼食の時刻を告げ、やがて退社のベルが鳴るのだ。

以上で、私たちは幸福と時間に関する四つの原理を発見した。第一の原理は、幸福を左右するすべての要素は、時間の流れの中にあるということ。第二の原理は、幸福に関わる時間は可逆的であり、現在から過去へも、過去から未来へも流れてゆくということ。第三の原理は、幸福に関する時間は個性的であり、属人的であること。そして第四の原理は、幸福に関する時間を決定づけるのは、その人の主要関心事だということだ。

さて、さらに進んで私たちは幸福への扉《とびら》を押し開かねばならない。私たちは、その全存在が、時間の中にかつて在《あ》り、いま在り、将来的にも在るであろうという以上、時間の流れを自由自在にあやつり、常に幸福とともにある時間に生きることが必要ではないだろうか。

幸福であるためには、あなたはいかなる時間に生きるべきか。過去が不幸であったからといって、現在が不幸である必要はないのである。ましてや未来に不幸の影《かげ》がなげかけられる必要はなおさらないのである。未来に不安があるからといって未来の不安のうちに現在を生きては、一体何のための現在であろうか。過去の美しかった事象を心に描き、それを未来へと投影することも可能であるはずだ。現在が夢も希望もないと嘆くことはないのだ。主要関心事を未来の中の明るい事象の中に見い出して、その時間に生きることも出来れば、過去の黄金の時間に生きることも出来るのだ。

過去、現在、未来は一点なのだ。それは私たちの心の中では一点なのだ。握《にぎ》れば一点となり、開けば無限となるのが時間の本質なのだ。過去から未来へと持続するかにみえる不幸というものも、大いなる時間の流れの中では握れば一点となるのである。そうだ、不幸は過去の一点に押し込めて時間の尺取虫に喰《た》べさせてしまえ。未来の不安は、かなたの一点として押しやってしまって、あなたの時間の尺取虫は現在の中で愉《たの》しく踊ればよいのだ。

逆に幸福をもたらす事柄も、時間の流れの中の一点であろうが、その一点を過去、現在、未来を貫くものとして押しひろげてゆくことも出来るはずだ。過去のすばらしい出来事をあなたの心の主要関心事とし、時間の尺取虫をその一点にうずくまらせるならば、いまのあなたにも、将来のあなたにも、明るい一条の光が道を照らすはずである。

過去、現在、未来は一点である。握れば一点となり開けば無限となる。不幸は一点に、幸福は無限にと、時間の流れを自力で調節したならば、幸福への道はそこにあるのである。

存在と愛

一九八四年　八月四日

存在というものについて、あなたは考えてみたことがあるだろうか。私たちの目で見てその形が捉《とら》えられるもの、私たちの手で触《ふ》れてそれと感じられるもの、それが果して真実の存在であろうか。もし目で見、手で触れられるものが真の存在であるならば、私たちは夢の中でも様々の存在に触れたり見たりしているはずである。しかし夢の中の事物を存在として認識しえるであろうか。

夢の中で私たちはしばしそれが夢の中であることに気づかずして存在を知覚するが、しかし現にいま、私たちが見、聞き、触れるという五官によって存在として認めているものが、真実の存在であるか否《いな》かはいかにして知りえようか。この私たちが共通に目覚めているとして共有する時間が、より高次の世界から見たならば夢の中の時間でないと、どうして知りえようか。

私は思うのである。存在を存在たらしめているのは一つの理念である。すべて私たちが存在するものとして知覚するものは、ある理念の具象化であるのではなかろうか。例えば各人が全く同一のものを見ているという保証はどこにもないにかかわらず、私たちはある種の生き物を犬と呼び、ある形状をとったものを石と呼んでいる。これは犬、あるいは石、と呼んでいるのであって、縦、横、高さがいくらであって、どのような動き方をし、どのような声を出すものを犬と呼ぶから犬なのではない。耳が欠けていても、片足であっても犬は犬なのである。そうすると知覚によって対象が存在に入るわけでは必ずしもないのである。

存在を存在たらしめるのは、ある一定の理念の具象化であると一応の定義をするならば、では、物質的なものではなくして、精神的なものをも存在として認めうるか。精神的なものも確かに一定の理念を体現しているといえなくはない。問題は、精神的なものが、存在として認められるだけの客観的認識の形式を備えているか否かである。もし石という言葉によって存在という認識に入るのと同じ程度の客観的認識の形式が与えられるのであるならば、精神的なものも、存在として認められうると私は考えるのである。

では、人間の精神的なるもののうちで最も大切なもの、愛は、果して存在といえようか。愛は確かに一つの理念を体現している。ある人にとってはそれは神そのものの働きであるし、ある人々にとっては、神より与えられた「汝《なんじ》ら互《たが》いに愛し合うべし」という倫理《りんり》的命令の中心概念《がいねん》である。愛は確かに愛という言葉が生まれた時、理念としては存在に入ったといえよう。

しからば、愛は、犬や石という言葉が指し示す程度の客観的認識の形式を備えているか。肯定《こうてい》的答えに対する有力な支持としては、愛という言葉が、時、所、人の相違《そうい》をこえて、様々の国の言語で同意語を有しているということである。これは愛に対して一定の認識の形式があるということを意味している。では愛のいかなるところが、一定の認識の形式として知覚されえようか。これは愛の客観性の証明問題でもある。

果して愛に客観性ありや。万人の目より見てこれが愛なりという客観的形式ありや。愛は確かに個々人の心に起こるものであるという点において主観的なもののようにも思える。しかしそれは、愛というものが、個々人の思考の結果惹起《じゃっき》される産物だという捉え方をしているから主観的に思えるのである。愛が個々人の思考の結果としてではなくして、先見的に、あるいは先天的に与えられているものだとした場合、愛は主観的なものではなく、まさしく、万人共通の感覚に映ずる客観的なるものである。すなわち、ア・プリオリに「愛」というものがあって、それが一定の時、所、人を選んで現象化する時に、それを愛だと私たちが知覚するならば、愛は客観的認識の形式を備えているといえよう。

では愛は先見的なものであるか。私たちは幼ない時に、父母から他人に親切にすることが愛なんだよと教えられて初めて、愛というものを知ったのであろうか。あるいはキリスト教に入信して、イエスが「神は愛なり」「自分を愛するように自分の隣《とな》り人を愛せよ」と語ったのを学んで愛を後天的に、学習によって知りえたのであろうか。

私の考えは否《いな》である。愛は個別の行為《こうい》を指し示すことによって帰納的に感じとることも出来るが、本来演繹的《えんえきてき》に知りうべきことが、人間として成長する過程において一、二の個別の行為を媒介《ばいかい》として了解されるのだ。そうではないだろうか。私たちは、人を愛すると胸が熱くなると教えられたから胸がジーンと熱くなるのであろうか。そうではあるまい。胸がジーンと熱くなってはじめて、ああこれが愛なんだと思うのではあるまいか。私たちは教えられなくとも先天的に、これが愛なのだという何かを知っているのだ。人を愛すると、その人の側《そば》近くにいたいという願いが心をせきたてるが、それは、人を愛するとそうなるんだよと教えられたからであろうか。そうではあるまい。人を好きになると必ず引力のような磁場が生ずる、この形式、この必ず起こる普遍的《ふへんてき》な、時代をこえた形式をこそ、私たちは愛と呼んでいるのではないのだろうか。

私は、以上で、一つの結論を導いた。すなわち、愛は一定の理念の具象化であり、かつ、客観的認識の形式を備えているがゆえに存在であると。愛は存在である。しかも、この存在は、時代をこえて、地域をこえて、普遍的に認識される存在でもあるのだ。

終章

人間だから

一九八四年　七月八日

無力感や焦燥感《しょうそうかん》、劣等感《れっとうかん》、卑屈《ひくつ》さ、自信のなさ、優柔不断《ゆうじゅうふだん》、不愉快《ふゆかい》な気分、不安感、未知なるものへの恐《おそ》れ、嘆《なげ》き、悲しみ、苦痛、パンドラの箱から出てきた、これらの不幸の種が人間を悩《なや》ませ、弱くする。

しかし、不幸の種をいくら眺《なが》めてばかりいても、不幸が大きくなってくるのが見えるばかりで、幸福になることは難しい。幸福になるには幸福の種子をさがすことだ。

人間だから、私たちにはできることがいくらでもある。
私は、息をすうことができる。
私は、大きくあくびをすることができる。
私は、窓の外を眺めることができる。
私は、歩くことができる。
私は、走ることもできる。
私は、眠ることができる。
私は、花の香りをかぐことができる。
私は、せせらぎの音に耳を傾けることができる。
私は、キャッチボールができる。
私は、草の上に寝そべることができる。

私は、砂で山をつくることができる。
私は、丘《おか》に登って朝日を見ることができる。
私は、早起きができる。
私は、サンタクロースを信じることができる。
私は、父や母と話ができる。
私は、いろんなことを教わることができる。
私は、あいさつができる。
私は、笑顔をつくることができる。
私は、あく手することができる。
私は、考えることができる。
私は、天の川を見上げることができる。

私は、食事をすることができる。
私は、指を鳴らすことができる。
私は、しりもちをつくことができる。
私は、丘をかけおりることができる。
私は、風とたわむれることができる。
私は、犬と仲良くできる。
私は、友だちになれる。
私は、幸福を感じることができる。
私は、冷たいジュースをのむことができる。
私は、恋《こい》をすることができる。
私は、素敵な服を着ることができる。

私は、人を愛することができる。
私は、人に愛されることができる。
私は、神を信ずることができる。
私は、・・・・

人間だから、私たちには、すばらしい数多くのことが約束されている。人間だから、私たちには、できることがいっぱいある。人間だから、私たちには自由がいっぱいある。人間だから、私たちは、光り輝《かがや》いた人生を生きることができる。人間だから——。

図表

現在 ―――― 未来

不変（普遍《ふへん》）なるものとは何か？

1、人間は絶えず幸福を求めて生きる動物だということ。

2、生きていくための経済活動は最低限残ること。

3、男女の愛の存在（親子の愛、兄弟の愛、師弟の愛、同胞《どうほう》愛は変化するだろう。）

4、休息を求めること。

5、退屈《たいくつ》しないような刺激《しげき》があること。（楽しみの存在）

6、老若男女の別があること。

7、精神生活に強弱の差があること。

8、身体に大小の別、体力に強弱の別があること。

9、人間選別のための規準があること。

普遍なるもの（続）

10、人間は悩《なや》み苦しみ、不安を必ずもつこと。

11、一人では生活できず共存しなければならないこと。

12、人間の一生はたいてい百年以内であり、一日は二十四時間しかないこと。

13、重要感を欲しがること。愛を欲しがること。

14、他人の目を意識して生きていかねばならない存在。

15、他人に何らかの影響《えいきょう》を与《あた》えながら生きる存在。

16、その人なりの人生観・世界観を必ずもつこと。

17、善悪・美《び》醜《しゅう》などの相対観の中に生きること。

18、導く人と導かれる人の存在。（cf. 7）

愛の建設

○愛の建設

○何のための愛なのか

［存在の愛の社会］	〈ユートピア 真理 宇宙即我〉
↑	
［許す愛の社会］	〈寛容〉
↑	
［生かす愛の社会］	〈生長 進歩〉
↑	
［愛する愛の社会］	〈共感〉

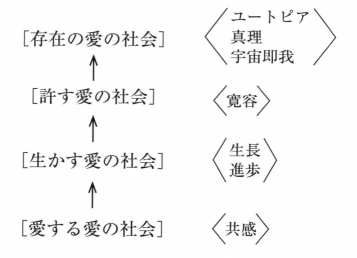

認識的幸福と存在的幸福

○愛は幸福の基いであり、幸福は
更に愛を生み出す

○相対時間内幸福と絶対時間内幸福

存在の前提
- 存在授権力
- 存在受容力

理想社会論

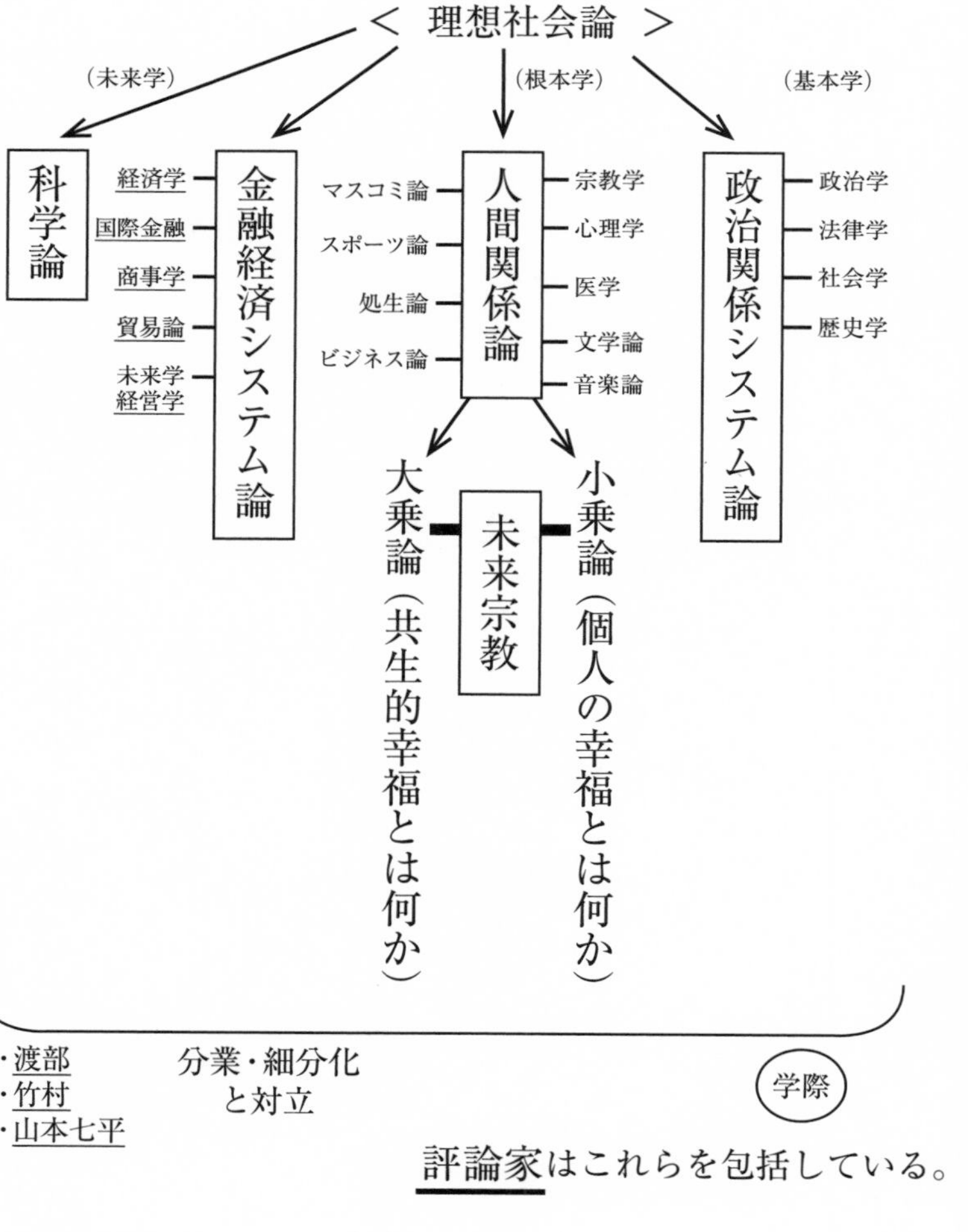

＜理想社会論＞
（未来学）
（根本学）
（基本学）
科学論
金融経済システム論
経済学
国際金融
商事学
貿易論
未来学
経営学
人間関係論
マスコミ論
スポーツ論
処生論
ビジネス論
宗教学
心理学
医学
文学論
音楽論
政治関係システム論
政治学
法律学
社会学
歴史学
大乗論（共生的幸福とは何か）
未来宗教
小乗論（個人の幸福とは何か）
・渡部
・竹村
・山本七平
分業・細分化
と対立
学際
評論家はこれらを包括している。

図表

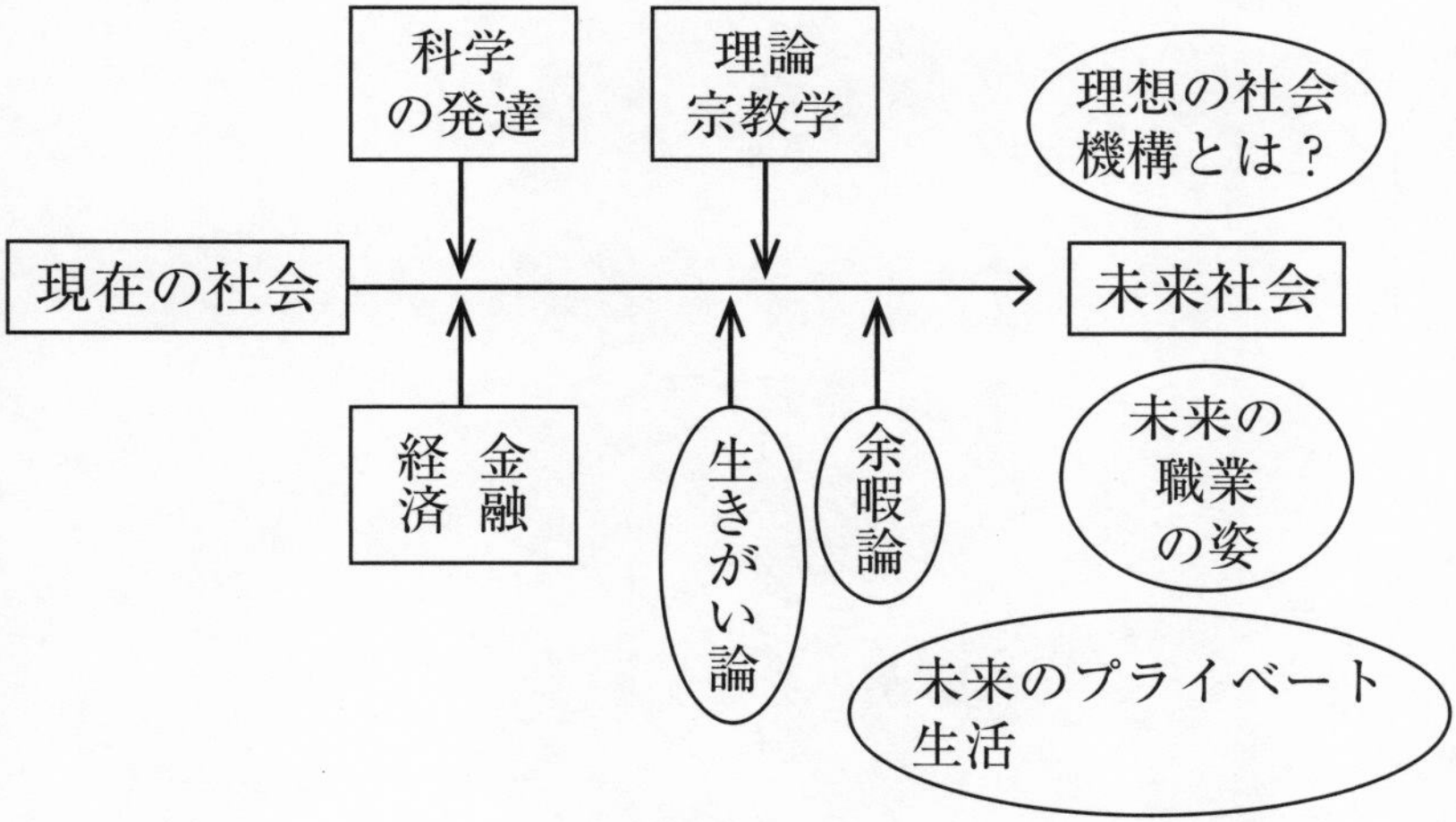
科学
の発達
理論
宗教学
理想の社会
機構とは？
現在の社会
未来社会
経済
金融
生きがい論
余暇論
未来の
職業
の姿
未来のプライベート
生活

あとがき

思想の出発点を示すことは重要だと思う。様々な霊人の霊言集から出発したと思われている幸福の科学であるが。私個人には、出発点としての、若き日の愛の哲学が、はっきりとあったのだ。

この「愛と幸福哲学」を明らかにできることは、とてもうれしい。

本書がニューヨークで書いた小文から始まっているのも、しみじみとした深さがある。

国際商社マンが「愛一元」を考えていたなんて、何と形容したらよいのだろう。
私の肉体は三次元世界にあっても、心は、限りなく高く飛翔《ひしょう》しようとしていたのだ。
これで、アニバーサリー・イヤーの意味が完結するだろう。

二〇二一年　九月十九日

幸福《こうふく》の科学《かがく》グループ創始者兼総裁《そうししゃけんそうさい》　大川隆法《おおかわりゅうほう》

『原説・『愛の発展段階説』――若き日の愛の哲学――』関連書籍

『太陽の法』（大川隆法 著　幸福の科学出版刊）
『人を愛し、人を生かし、人を許せ。』（同右）
『幸福の科学の十大原理（上巻）』（同右）
『青春詩集　愛のあとさき』（同右）

原説《げんせつ》・『愛《あい》の発展段階説《はってんだんかいせつ》』― 若き日の愛の哲学 ―

2021年10月6日　初版第1刷

著　者　大《おお》　川《かわ》　隆《りゅう》　法《ほう》

発行所　幸福の科学出版株式会社

〒107-0052 東京都港区赤坂2丁目10番8号
TEL(03)5573-7700
https://www.irhpress.co.jp/

印刷・製本　株式会社 研文社

落丁・乱丁本はおとりかえいたします

ISBN978-4-8233-0308-1 C0014
装丁・イラスト・写真©幸福の科学

大川隆法の文学・哲学に出合う

若き日のエル・カンターレ　精神の軌跡

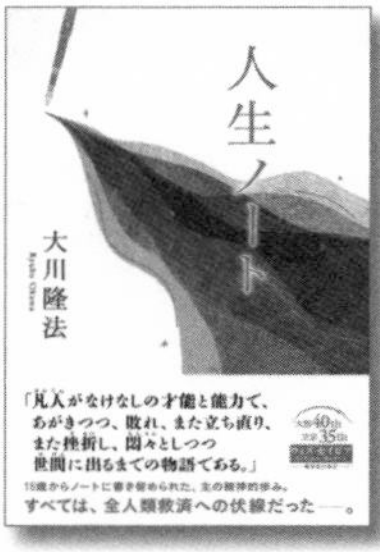

★

人生ノート

大川隆法総裁の中学から大学までの深まりゆく精神の軌跡が記された書。「努力にまさる天才なし」を体現された若き日の大川隆法総裁のお姿を垣間見ることができます。

心を惹きつける物語

大川隆法総裁によって新たに書き下ろされた『小説地球万華鏡』では、めくるめく神秘の世界へと誘われる10の物語が展開されています。また、大学在学中に執筆された『青春短編作品集　現実・夢想・そしてイデアの世界へ』『小説去れよ、去れよ、悲しみの調べよ』は、若き日の総裁の「宗教的感性」「創作の源流」と出会える貴重な書となっています。

☆

小説
地球万華鏡

★

青春短編作品集
現実・夢想・そして
イデアの世界へ

★

小説
去れよ、去れよ、
悲しみの調べよ

☆…幸福の科学出版刊　★…宗教法人幸福の科学刊（会内経典）
★の詳細は、最寄りの幸福の科学の精舎・支部・拠点までお問い合わせください。

心に響く珠玉の詩篇

『詩集 青春の卵』は中学時代、『詩集 Leftover ―青春のなごり―』は高校・大学時代、『青春詩集　愛のあとさき』は大学時代・商社時代、そして、『詩集 私のパンセ』は宗教家として立つ１～２年前の商社時代に編まれました。感性溢れる美しい言魂から、深まりゆく悟りを感じることができます。

詩集　青春の卵 ★

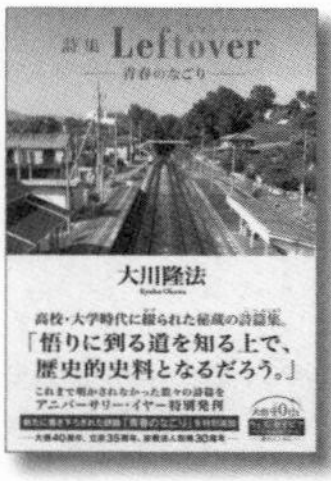

詩集 Leftover ―青春のなごり― ★

青春詩集　愛のあとさき ☆

詩集　私のパンセ ☆

青春の日の心情を紡ぐ

大川隆法
俳句・短歌 習作ノート

日常の風景、季節の風情、家族や愛する人への想い、未来への旅路……。大学３～４年のころの「青春の日の主の心境」が明らかにされた俳句・短歌集です。

★

大川隆法シリーズ・**最新刊**

スタン・リー守護霊による映画「宇宙の法―エローヒム編―」原作霊言

英語霊言 英日対訳

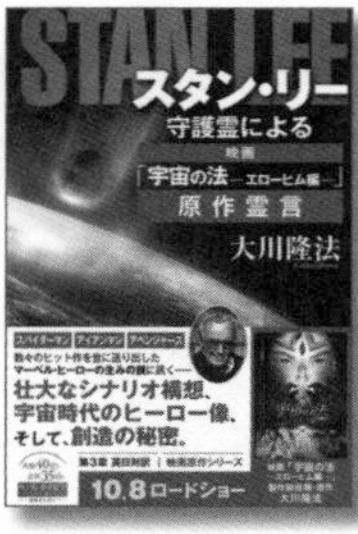

アメコミ界の巨匠にして、マーベル映画で数々のヒーローを生み出したスタン・リーの守護霊が語る壮大なシナリオ構想。衝撃の「魂の秘密」も明らかに。

1,540円

エローヒムの降臨

映画「宇宙の法―エローヒム編―」参考霊言

1億5000万年前に降臨し、善悪・正義・慈悲を説かれた地球神エローヒム――。その実像や、当時の地球の様子、宇宙人との交流など、人類の秘史が明かされる。

1,760円

「UFOリーディング」写真集3

「ウィズ・セイビア」の時代を告げる宇宙存在たち

UFO艦隊、巨大母船、空飛ぶUMA……。リーディングによってUFOを特定し、その内部のリーダーとの会話を収録した、宇宙の最新情報が満載のシリーズ第3弾!

1,650円

ジョージ・ルーカス守護霊&キャリー・フィッシャーの霊言

「スター・ウォーズ」が促す宇宙時代への目覚め

英語霊言 英日対訳

ジョージ・ルーカス守護霊と「スター・ウォーズ」の名女優が語る、映画に秘められた宇宙史と神の真実。【付録】レオナルド・ディカプリオの守護霊霊言

1,540円

※表示価格は税込10%です。

幸福の科学グループのご案内

宗教、教育、政治、出版などの活動を通じて、地球的ユートピアの実現を目指しています。

幸福の科学

一九八六年に立宗。信仰の対象は、地球系霊団の最高大霊、主エル・カンターレ。世界百六十カ国以上の国々に信者を持ち、全人類救済という尊い使命のもと、信者は、「愛」と「悟り」と「ユートピア建設」の教えの実践、伝道に励んでいます。

（二〇二一年九月現在）

愛

幸福の科学の「愛」とは、与える愛です。これは、仏教の慈悲《じひ》や布施《ふせ》の精神と同じことです。信者は、仏法真理をお伝えすることを通して、多くの方に幸福な人生を送っていただくための活動に励んでいます。

悟り

「悟り」とは、自らが仏の子であることを知るということです。教学《きょうがく》や精神統一によって心を磨き、智慧《ちえ》を得て悩みを解決すると共に、天使・菩薩《ぼさつ》の境地を目指し、より多くの人を救える力を身につけていきます。

ユートピア建設

私たち人間は、地上に理想世界を建設するという尊い使命を持って生まれてきています。社会の悪を押しとどめ、善を推し進めるために、信者はさまざまな活動に積極的に参加しています。

国内外の世界で貧困や災害、心の病で苦しんでいる人々に対しては、現地メンバーや支援団体と連携して、物心両面にわたり、あらゆる手段で手を差し伸べています。

年間約２万人の自殺者を減らすため、全国各地で街頭キャンペーンを展開しています。

公式サイト **www.withyou-hs.net**

自殺防止相談窓口

受付時間　火～土:10～18時（祝日を含む）

TEL **03-5573-7707**　メール **withyou-hs@happy-science.org**

ヘレン・ケラーを理想として活動する、ハンディキャップを持つ方とボランティアの会です。視聴覚障害者、肢体不自由な方々に仏法真理を学んでいただくための、さまざまなサポートをしています。

公式サイト **www.helen-hs.net**

入会のご案内

幸福の科学では、大川隆法総裁が説く仏法真理《ぶっぽうしんり》をもとに、「どうすれば幸福になれるのか、また、他の人を幸福にできるのか」を学び、実践しています。

入会　仏法真理を学んでみたい方へ

大川隆法総裁の教えを信じ、学ぼうとする方なら、どなたでも入会できます。入会された方には、『入会版「正心法語《しょうしんほうご》」』が授与されます。

ネット入会　入会ご希望の方はネットからも入会できます。
happy-science.jp/joinus

三帰《さんき》誓願《せいがん》　信仰をさらに深めたい方へ

仏弟子としてさらに信仰を深めたい方は、仏《ぶっ》・法《ぽう》・僧《そう》の三宝《さんぼう》への帰依を誓う「三帰誓願式」を受けることができます。三帰誓願者には、『仏説・正心法語』『祈願文《きがんもん》①』『祈願文②』『エル・カンターレへの祈り』が授与されます。

幸福の科学 サービスセンター
TEL 03-5793-1727
（受付時間／火～金:10～20時　土・日祝:10～18時（月曜を除く））

幸福の科学 公式サイト
happy-science.jp

ハッピー・サイエンス・ユニバーシティ
Happy Science University

ハッピー・サイエンス・ユニバーシティとは

ハッピー・サイエンス・ユニバーシティ（HSU）は、大川隆法総裁が設立された
「現代の松下村塾」であり、「日本発の本格私学」です。
建学の精神として「幸福の探究と新文明の創造」を掲げ、
チャレンジ精神にあふれ、新時代を切り拓く人材の輩出を目指します。

人間幸福学部　経営成功学部　未来産業学部

HSU長生キャンパス TEL **0475-32-7770**
〒299-4325　千葉県長生郡長生村一松丙 4427-1

未来創造学部

HSU未来創造・東京キャンパス
TEL **03-3699-7707**
〒136-0076　東京都江東区南砂2-6-5　公式サイト **happy-science.university**

学校法人 幸福の科学学園

学校法人 幸福の科学学園は、幸福の科学の教育理念のもとにつくられた教育機関です。人間にとって最も大切な宗教教育の導入を通じて精神性を高めながら、ユートピア建設に貢献する人材輩出を目指しています。

幸福の科学学園

中学校・高等学校（那須本校）
2010年4月開校・栃木県那須郡（男女共学・全寮制）
TEL **0287-75-7777** 公式サイト **happy-science.ac.jp**

関西中学校・高等学校（関西校）
2013年4月開校・滋賀県大津市（男女共学・寮及び通学）
TEL **077-573-7774** 公式サイト **kansai.happy-science.ac.jp**

仏法真理塾「サクセスNo.1」

全国に本校・拠点・支部校を展開する、幸福の科学による信仰教育の機関です。小学生・中学生・高校生を対象に、信仰教育・徳育にウエイトを置きつつ、将来、社会人として活躍するための学力養成にも力を注いでいます。

TEL 03-5750-0751（東京本校）

エンゼルプランV

東京本校を中心に、全国に支部教室を展開。信仰をもとに幼児の心を豊かに育む情操教育を行い、子どもの個性を伸ばして天使に育てます。

TEL 03-5750-0757（東京本校）

エンゼル精舎

乳幼児が対象の、託児型の宗教教育施設。エル・カンターレ信仰をもとに、「皆、光の子だと信じられる子」を育みます。
（※参拝施設ではありません）

不登校児支援スクール「ネバー・マインド」

TEL 03-5750-1741

心の面からのアプローチを重視して、不登校の子供たちを支援しています。

ユー・アー・エンゼル！（あなたは天使！）運動

障害児の不安や悩みに取り組み、ご両親を励まし、勇気づける、障害児支援のボランティア運動を展開しています。

一般社団法人 ユー・アー・エンゼル
TEL 03-6426-7797

NPO活動支援

学校からのいじめ追放を目指し、さまざまな社会提言をしています。また、各地でのシンポジウムや学校への啓発ポスター掲示等に取り組む一般財団法人「いじめから子供を守ろうネットワーク」を支援しています。

公式サイト mamoro.org　ブログ blog.mamoro.org
相談窓口 TEL.03-5544-8989

百歳まで生きる会

「百歳まで生きる会」は、生涯現役人生を掲げ、友達づくり、生きがいづくりをめざしている幸福の科学のシニア信者の集まりです。

シニア・プラン21

生涯反省で人生を再生・新生し、希望に満ちた生涯現役人生を生きる仏法真理道場です。定期的に開催される研修には、年齢を問わず、多くの方が参加しています。
全世界212カ所（国内197カ所、海外15カ所）で開校中。

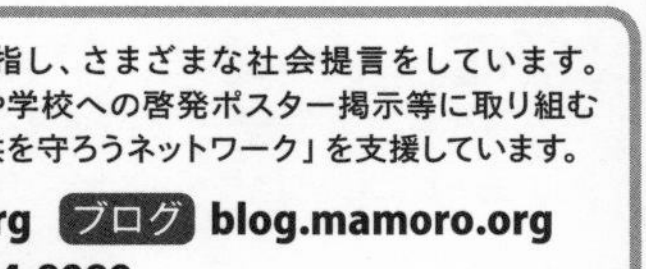

【東京校】 TEL 03-6384-0778　FAX 03-6384-0779
メール senior-plan@kofuku-no-kagaku.or.jp

幸福実現党

内憂外患《ないゆうがいかん》の国難に立ち向かうべく、2009年5月に幸福実現党を立党しました。創立者である大川隆法党総裁の精神的指導のもと、宗教だけでは解決できない問題に取り組み、幸福を具体化するための力になっています。

幸福実現党 釈量子サイト **shaku-ryoko.net**
Twitter **釈量子@shakuryokoで検索**

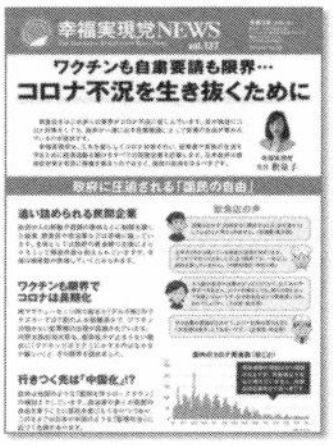

党の機関紙
「幸福実現党NEWS」

幸福実現党　党員募集中

あなたも幸福を実現する政治に参画しませんか。

○ 幸福実現党の理念と綱領、政策に賛同する18歳以上の方なら、どなたでも参加いただけます。
○ 党費：正党員（年額5千円［学生 年額2千円］）、特別党員（年額10万円以上）、家族党員（年額2千円）
○ 党員資格は党費を入金された日から1年間です。
○ 正党員、特別党員の皆様には機関紙「幸福実現党NEWS（党員版）」（不定期発行）が送付されます。

＊申込書は、下記、幸福実現党公式サイトでダウンロードできます。
住所：〒107-0052　東京都港区赤坂2-10-8 6階 幸福実現党本部
TEL **03-6441-0754**　FAX **03-6441-0764**
公式サイト **hr-party.jp**

出版 メディア 芸能文化　幸福の科学グループ

幸福の科学出版

大川隆法総裁の仏法真理の書を中心に、ビジネス、自己啓発、小説など、さまざまなジャンルの書籍・雑誌を出版しています。他にも、映画事業、文学・学術発展のための振興事業、テレビ・ラジオ番組の提供など、幸福の科学文化を広げる事業を行っています。

アー・ユー・ハッピー？
are-you-happy.com

ザ・リバティ
the-liberty.com

幸福の科学出版
TEL **03-5573-7700**
公式サイト **irhpress.co.jp**

THE FACT

ザ・ファクト
マスコミが報道しない「事実」を世界に伝えるネット・オピニオン番組

ザ・ファクト　検索

NEW STAR PRODUCTION

ニュースター・プロダクション

「新時代の美」を創造する芸能プロダクションです。多くの方々に良き感化を与えられるような魅力あふれるタレントを世に送り出すべく、日々、活動しています。 公式サイト **newstarpro.co.jp**

ARI Production

ARI《アリ》 Production《プロダクション》

タレント一人ひとりの個性や魅力を引き出し、「新時代を創造するエンターテインメント」をコンセプトに、世の中に精神的価値のある作品を提供していく芸能プロダクションです。 公式サイト **aripro.co.jp**

大川隆法　講演会のご案内

大川隆法総裁の講演会が全国各地で開催されています。講演のなかでは、毎回、「世界教師」としての立場から、幸福な人生を生きるための心の教えをはじめ、世界各地で起きている宗教対立、紛争、国際政治や経済といった時事問題に対する指針など、日本と世界がさらなる繁栄の未来を実現するための道筋が示されています。

2020年12月8日 さいたまスーパーアリーナ
「"With Savior"(ウィズ・セイビア)―救世主と共に―」

2019年10月6日 ザ ウェスティン ハーバー キャッスル トロント(カナダ)
「The Reason We Are Here」

2019年12月17日 さいたまスーパーアリーナ
「新しき繁栄の時代へ」

2019年3月3日 グランド ハイアット 台北(台湾)
「愛は憎しみを超えて」

2019年7月5日 福岡国際センター
「人生に自信を持て」

講演会には、どなたでもご参加いただけます。
最新の講演会の開催情報はこちらへ。⟹

大川隆法総裁公式サイト
https://ryuho-okawa.org